CATALOGUE GÉNÉRAL

DE LA

Bibliothèque Coloniale

DE

PASCAL CRÉMAZY

Avocat, Conseiller général, Secrétaire de la Société
des Sciences et Arts de l'île de la Réunion

———

1885

SAINT-DENIS. — Imprimerie TH. DROUHET FILS, Rue de l'Église. 48.

CATALOGUE GÉNÉRAL

DE LA

Bibliothèque Coloniale

DE

M. PASCAL CRÉMAZY

AVOCAT, CONSEILLER GÉNÉRAL A L'ÎLE DE LA RÉUNION

—

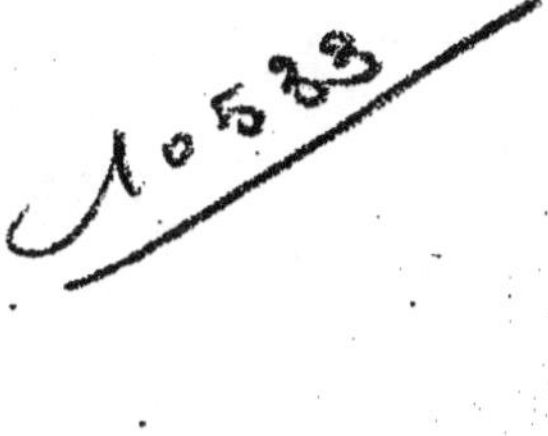

1885

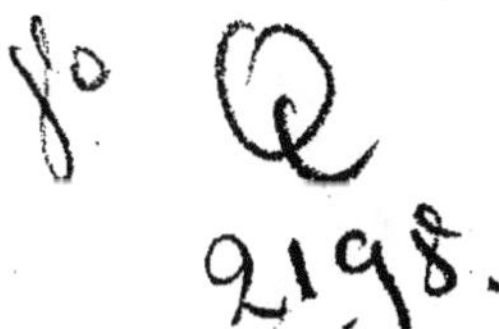

Voyages, Relations, Histoires, Aventures

1 **Lettres** édifiantes et curieuses écrites des Missions étrangères : 26 vol.
reliés et bien conservés. — Paris,
1781. — in-12........... 130 fr.

2 **Voyage** au pôle Sud et dans l'Océanie
sur l'Astrolabe et la Zélée, sous le
commandement de Dumont d'Urville.
— Paris, 1841 — 10 vol. grand
in-8°................. 50 fr.

3 **Nouvelle Bibliothèque** des Voyages anciens et modernes : 12 vol. in-
8°, illustré de 100 planches gravées
sur acier, imprimé par F. Didot frères.
— Paris : Duménil, éditeur. —
1841.................. 60 fr.

4 **Le Tour du Monde**, nouveau journal des voyages d'Edouard Charton,
grand in-4°, depuis l'origine 1860
jusques et y compris 1878 : 36 vol.
reliés, reliures inégales de carton-
nage et de couleur, les 14 derniers
reliés avec luxe et dorés sur tranches.................. 360 fr.

5 **Voyage dans l'Inde** de 1828 à 1832
par Victor Jacquemont, publié sous les
auspices de Guizot : 3 forts vol. grand
in-folio, reliés : 1ᵉʳ vol. taché en
plusieurs marges. — Paris, F. Didot
frères, — 1841.......... 75 fr.

6 **Album** de l'île de la Réunion, par
Roussin : 5 vol. reliés grand in-4°,
avec recueil de dessins de 1860 à
1868. — Etudes de fruits, de fleurs.
Histoire naturelle, types et physio-
nomies. Portraits historiques. —
Lithographie et typographie Roussin.
— Saint-Denis (Réunion) . 200 fr.

7 **Procès-verbaux** de l'ancien Conseil
colonial de l'île Bourbon de 1834 à
1848 : 10 vol. reliés, inégaux de
grandeur in-8° et in-4° ... 200 fr.

8 **Notices statistiques** sur les Colonies françaises : 4 vol. reliés, in-8°,
publiés par le Ministre de la marine et des colonies de 1837 à
1840.................. 40 fr.

9 **Affaires** du Crédit foncier à l'île de
la Réunion de 1855 à 1875 : 16
brochures en 1 vol. in-4°, relié
rare.................... 50 fr.

10 **Affaire E. Houat** et consorts. —
Complot de 1835, jugé par la Cour
d'assises extraordinaires de 1836 :
1 grand fort vol. relié *rare*. — Saint-
Denis, imprimerie Lahuppe   50 fr.

11 **C. Velain** — Thèse de la Faculté des
sciences de Paris. — Description gé-
ologique d'Aden, de l'île de la Réunion, et des îles Saint-Paul et Amsterdam : 1 vol. in-4° relié, 25 planches photographiques. — Paris, typ.
Hennuyer, 1878.......... 50 fr.

12 **Histoire générale des voyages**
ou Nouvelle collection de toutes les
relations de voyages par terre et par
mer : 16 vol. reliés. — Didot, Paris—
1ᵉʳ vol. 1746 ; 2ᵉ vol. 1761.. 240 fr.

13 **Voyage** au Cap de Bonne-Espérance
et autour du monde avec le capitaine
Cook, par André Sparmann, avec
cartes, figures et planches : 2 vol.
in-4° reliés. — Paris, Buisson,
libraire. — 1787........ 40 fr.

14 **Lettres** édifiantes et curieuses sur l'Asie, l'Afrique et l'Amérique publiées par Aimé Martin : 4 vol. in-4° reliés. — Paris, 1838. — Desrez, éditeur . . . . 50 fr.

15 **Voyage autour du Monde**, de Bougainville. — 1766-1767-1768 et 1769 : 1 fort vol. in-4° relié. — Paris, Saillant et Nyon. — 1771 . . 25 fr.

16 **Voyage(2°)** dans l'hémisphère austral et autour du Monde du capitaine Cook (traduit de l'Anglais) : 6 vol. in-8° reliés. — Paris, 1778 — avec atlas, relié in-4° de 65 pl. . 60 fr.

17 **Voyage** aux Indes Orientales par le Nord de l'Europe, aux îles de Java, de Maurice et de Bourbon, au Cap de Bonne-Espérance : 3 vol. reliés grand in-8° par Charles Bélanger, avec grand atlas in-4°. — Paris, 1838 . . . . 50 fr.

18 **Voyage autour du Monde** de la corvette la *Bonite*, grand in-8° : 3 vol. cartonnés avec un grand in-folio, album historique de 100 planches de ce voyage 1845-1852 — Arthus Bertrand. — Paris . . . . 80 fr.

19 **Histoire complète** des voyages et découvertes en Afrique, de Leyden et Murray (traduit de l'Anglais) : 4 vol. reliés in-8° avec atlas in-4° de cartes. — A. Bertrand, Paris, 1821 . 50 fr.

20 **Voyage autour du Monde** de la frégate la *Vénus* de 1836 à 1839 par Abel D. Thouars : 4 vol. cartonnés, grand in-8° avec 12 atlas pittoresques de 70 cartes et planches, grand in-folio . . . . 75 fr.

21 **Campagne** de circumnavigation sur la frégate l'*Artémise* par Laplace. (Années 1837-1838-1839-1840 : 6 vol. cartonnés avec lithographies dans le texte. — A. Bertrand, Paris. — 1841 . . . . 75 fr.

22 **Documents** sur l'Histoire, la Géographie et le Commerce de l'Afrique orientale, par Guillain, capitaine de de frégate : 3 vol., belle reliure, 1856-1857. — A. Bertrand, Paris 36 fr.

23 **Aventures** les plus curieuses des voyageurs par Hombron, compagnon de Dumont-d'Urville : 1 vol. grand in-8° relié, doré sur tranches. — Paris . . . . 15 fr.

24 **Voyage de Lapérouse**, par de Lesseps, avec carte : 1 vol. in-8° broché — A. Bertrand, 1831 7 fr. 5

25 **Rapport** au Ministre de la marine et des colonies sur l'Esclavage et la Constitution politique des colonies 1 vol. in-4° relié. — Paris, imprimerie royale, 1843 . . . . . . 20 fr

26 **Compte-rendu** au Roi sur le régime des esclaves (Ministère marine et colonies) : 1 vol. in-4° relié. — Paris imprimerie royale, 1847 . . 15 fr

27 **Précis de l'abolition de l'esclavage** dans les colonies anglaises 2 vol. in-8° reliés, 1840-41 . 30 fr

28 1° **Dissertation** sur la traite et le commerce des nègres, sans nom d'auteur, 1764 : 1 petit vol. relié in-8° . . . . 7 fr. 50

2° **Réclamation** des citoyens de couleur des colonies françaises à l'Assemblée nationale — mars 1790 — 1 broch. in-8°, (rare) . . . . 3 fr.

3° **De l'intérêt de la France** à l'égard de la traite des nègres par Simonde de Sismondi : 1 broch. in-8°. — Genève, 1814 . . . 3 fr.

4° **Réflexions** sur l'affranchissement des esclaves dans les colonies françaises par de la Charrière, 1838 : 1 broch. in-8° — Paris . . . 1 fr. 50

5° **Observations** sur l'affranchissement des esclaves aux colonies françaises par Conil, délégué de l'île Bourbon . . . . 1 fr. 50

6° **De l'émancipation des esclaves.** — Lettres à Lamartine par Granier de Cassagnac, 1840. — Paris : 1 broch. in-8° . . . . . . 2 fr. 50

7° **Discours** à la Chambre des Pairs par le baron C. Dupin, sur le régime des colonies, suivi de l'amélioration du sort des esclaves, par le même. — Paris, 1845 — 1 brochure in-8°................. 2 fr. 50

8° **Histoire** de l'abolition de l'esclavage dans les colonies françaises; 4me partie : Ile de la Réunion, 1851 : 1 vol. broché in-8°, par B. Laroche................. 5 fr.

29 **Voyages** aux Indes orientales, 1802-1803-1804-1805 et 1806, par C. F. Tombe : 2 vol. in-8° brochés, 1 avec atlas de 28 c. et p. — Paris, A. Bertrand, 1811............. 25 fr.

30 **Trois ans en Asie** de 1855 à 1858 par Comte de Gobineau : 1 grand in-8° broché. — Paris, Hachette, — 1859.................. 10 fr.

31 **Promenade** autour du Monde par baron de Hubner : 2 vol. in-8° brochés; 6° édition. — Paris, Hachette — 1871................. 10 fr.

32 **Voyage** dans les 4 principales îles des mers de l'Afrique, 1801 et 1802 par Bory de Saint-Vincent : 3 vol. in-8° brochés avec grand atlas de 56 planches et cartes. — Paris, an XIII. — Buisson, imprimeur, rare. 60 fr.

33 **Archives** des voyages par Ternaux-Compans : 4 vol. in-8° brochés (2s partie) — Paris. — A. Bertrand.................. 30 fr.

34 **Voyage** d'une femme autour du Monde — **Mon 2° voyage** autour du Monde — **Ida Pfeiffer** : 2 vol. brochés in-8° — Paris — Hachette, 1859.................. 10 fr.

35 **Souvenirs d'un Amiral** — Jurien de la Gravière : 2 vol. in-8° brochés — Paris, Hachette, 1872..... 8 fr.

36 **Voyages** dans l'Inde et en Perse — Prince Soltykoff : 1 vol. in-8° broché avec carte — Paris, Garnier frères, 1858.................. 4 fr.

37 **La vie chez les Indiens** — Scènes et aventures de voyages par Catlin, traduit par Delanoye, 1876 : 1 vol. rose, broché, illustré — Paris — Hachette.................. 4 fr.

38 **Les Anglais et l'Inde** par de Valbezen : 1 vol. grand in-8°, broché — Paris — M. Lévy frères — 1857.................. 7 fr. 50

39 **Explorations** dans l'Afrique australe — D. et C. Livingstone, 1874 : 1 vol. broché, in-8°, illustré rose — Hachette.................. 4 fr.

40 **Du Natal au Zambèze** de 1851 à 1866 — C. Baldwin, 1872 : 1 vol. broché, illustré, bibl. rose — Paris — Hachette.................. 4 fr.

41 **Les grandes scènes de la nature** par F. de Lanoye : 1 vol. broché, illustré, 40 gravures — Paris — Hachette, 1862 — Bibliothèque rose.................. 3 fr.

42 **Les Naufrages célèbres** par Zurcher et Margollé : 1 vol. broché, 30 vignettes — Paris, 1877 — Hachette, bibl. des merveilles 3 fr.

43 **Voyages** en Afrique, Asie, Indes orientales et occidentales par Jean Mocquet du cabinet des singularités du Roy : 1 vieux vol. in-8°, 1665, illustré — Rouen — Jacques Bezongne.................. 30 fr.

44 **Histoire générale** des voyages, de découvertes maritimes et continentales, depuis le commencement du Monde jusqu'à nos jours : 3 vol. in-8° reliés — Desborough Cooley (traduit de l'Anglais) — Paris — 1840.................. 25 fr.

45 **Voyage** de François Pyrard, sa navigation aux Indes orientales, aux Moluques, etc., etc. : 2 vol. en 2 parties, relié, 1615, bien conservé très rare.................. 50 fr.

46 **Relation** d'un voyage d'exploration au N. E. du Cap de Bonne-Espérance par Arbousset et Daumas : 1 vol. relié, in-4°, avec dessins et carte — Paris — A. Bertrand — 1842 .... 15 fr.

47 **Quinze jours à Java** par J. E. Roy : 1 grand in-8° relié et illustré doré sur tranches — Tours — Mame et C°, 1861.............. 15 fr.

48 **Voyage en Arabie** par M. Tamisier : 2 vol. in-8° reliés, 1840 — Paris — L. Desessart .... 15 fr.

49 **Les six voyages** de M. Tavernier en Turquie, en Perse et aux Indes, en 4 vol. reliés in-12, 1712 et 1714 — Chez la veuve de Pierre Rison — rare.................. 40 fr.

50 **Recueil** de plusieurs relations et traités singuliers et curieux de M. Tavernier : 1 vol. tome V, relié in-8° — Paris, 1724 .... 10 fr.

51 **Nouvelle relation** de l'intérieur du Serrail du grand Seigneur par M. Tavernier : 1 vol. relié in-8°, tome VI — Paris, 1724 — Veuve Rison .... 20 fr.

52 **Excursions dans l'Inde** par L. Deville : 1 vol. in-8° relié — Paris — Hachette, 1860 .... 5 fr.

53 **Bibliothèque universelle** des voyages par Boucher de la Richarderie : 6 vol. reliés, grand in-8° — Paris, Treutel et Wintz, 1808   45 fr.

54 **Mélanges** intéressants et curieux ou abrégé d'histoire naturelle de l'Asie, l'Afrique, l'Amérique par R. D. S. — Bibliothèque de Mouchy — Noailles : 10 vol. in-12 reliés — Paris — Durand, 1763 .... 75 fr.

55 **Recueil** d'observations curieuses sur les mœurs, les coutumes, les arts des peuples de l'Asie, de l'Afrique et de l'Amérique : 4 vol. reliés in-12 (belle reliure) — Paris — Prault fils, 1749 .... 24 fr.

56 **Relation** d'un voyage du pôle arctique au pôle antarctique par le centre du monde : 1 vol. relié in-12. — Paris — Robert Marc, 1723 — inséré dans 1 vol. intitulé (les Egarements de la jeunesse) — Amsterdam — L'honoré, 1729... 10 fr.

57 **Histoire** des aventuriers flibustiers des Indes par O. Olxmelin : 4 vol. in-8° brochés avec cartes et figures en taille douce — 1775 — Le dernier volume est **l'histoire des Pirates Anglais**...... 20 fr.

58 **Collection** de mémoires sur l'Administration des colonies : 5 vol. reliés in-8° — Paris — Baudouin, an X.................. 30 fr.

59 **La France, l'émigration et les Colons** par M. de Pradt : 2 vol. in-8° brochés — Paris — Béchet aîné, 1824.............. 15 fr.

60 **Promenade autour du Monde** par J. Arago : 2 vol. reliés in-8° avec atlas de 26 planches — 1817 Paris — Ledoux................ 12 fr.

61 **Correspondance** de Victor Jacquemont, de 1828 à 1832 : 2 vol. reliés petit in-8° — 1846, Paris — Garnier et Fournier. .... 8 fr.

62 **Voyages** à Madagascar, au Maroc et aux Indes orientales par Alexis Rochou, de l'Institut : 3 vol. reliés in-8° avec cartes et tables, an X — Paris — Prault et Levrault.   25 fr.

63 **Histoire** philosophique et politique des établissements et du commerce des Européens dans les deux Indes de T. Raynal : 3 forts in-4° reliés, dorés sur tranches — Genève, 1775.................. 60 fr.

64 **Les Ports** de l'Extrême-Orient par B. de la Grandière : 1 vol. in-8° broché, 1869 — Paris — Lechevalier.................. 4 fr.

65 **Etablissements français** de l'Océanie (Extrait de la Revue maritime et coloniale, 1865) : 1 broch. in-8° — Paris................. 2 fr.

66 **Des Colonies modernes** sous la zone torride, par Barré de Saint-Venant : 1 vol. grand in-8°, relié avec une carte — Brochet — Paris, an VIII............ 6 fr.

67 **Des Colonies** et de la Révolution de l'Amérique par de Pradt : 2 vol. in-8° reliés—Paris—Béchet, 1817   12 fr.

68 **Voyage autour du Monde** par le comte de Beauvoir : 3 vol. reliés in-8° avec cartes et gravures, 1872 — Henri Plon............ 15 fr.

69 **Résumé** de l'Histoire des établissements européens aux Indes orientales par J. Mérault : 1 vol. p. in-12 — broché — Lecointe et Durey, 1826................ 3 fr.

70 **Lettres** sur le Bengale par F. Deville : 1 vol. broché in-8° — Paris — Brière, 1826 .... 3 fr.

71 **Les Colonies** et la métropole par T. Debay : 1 vol. in-8° broché — Paris — Hortel et Ozanne, 1839.   6 fr.

72 **Recherches** sur les voyages et découvertes des navigateurs normands par L. Estancelin : 1 vol. broché in-8° — Paris, — Pinard et Delaunay, 1832................ 8 fr.

73 **Voyages** du capitaine Robert Lade en Afrique, Asie et Amérique : 2 vol. reliés in-12, traduit de l'anglais—Paris —Didot, 1744 (rare)...... 15 fr.

74 **Relation** de 2 voyages dans les mers australes et les Indes (1771-1772-1773-1774) par de K/guélen : 1 vol. cartonné in-8° — Paris — K/napen et fils, 1782 .... 10 fr.

75 **Abrégé** historique et chronologique des principaux voyages de découvertes par mer, par Bajot (Extrait des annales maritimes et coloniales — Paris — 1 vol. in-8° cartonné — 2° édition, 1836......... 5 fr.

76 **De l'émigration européenne** dans ses rapports avec la prospérité des colonies, par S. Linstant : 1 vol. grand in-8° broché — Paris — France, éditeur, 1850.... 5 fr.

77 **Histoire** de l'émigration européenne asiatique et africaine au XIX° siècle par J. Duval ; (ouvrage couronné) 1 grand vol. in-8° broché — Paris — Guillaumin, 1862........ 7 fr. 50

78 **Les Colonies** et la politique coloniale de la France par J. Duval : 1 vol. relié grand in-8°, avec 2 cartes de Malte-Brun — Paris — A. Bertrand, 1864 .... 10 fr.

79 **Étude** sur la colonisation par un homme de bonne volonté ; *un seul tome* broché in-8° — Paris — Challamel aîné, 1866......... 6 fr.

80 **La France** avec ses colonies, par Levasseur, de l'Institut : 1 vol. broché in-8° avec 174 cartes — Paris — Delagrave, 1880 .... 6 fr.

81 **Les Colonies françaises** — Géographie, histoire, productions, par J. Rambosson : 1 grand in-8° broché — Paris — Delagrave et C°, 1868................ 10 fr.

82 **Mémoire** sur les 7 espèces d'hommes et sur les altérations de ces espèces, par Peyroux de la Coudrenières : 1 in-8° relié — Paris — 1814................ 5 fr.

83 **Géographie** commerciale et industrielle des 5 parties du monde par R. Cortambert : 1 vol. in-8° cartonné — Paris — Hachette, 1878. .... 3 fr.

84 **Travels round the world** 1767-1768-1769-1770-1771 par M. de Pagès (traduit du français en anglais) : 1 vol. relié in-8° — Dublin, 1791................ 10 fr.

85 **An historical** disquisition concerning the knowledges of ancients on India, by William Robertson : 1 vol. in-8° relié, 1792 .... 7 fr. 50

86 **Question** du tonnage de capacité des navires dans le canal de Suez par la Compagnie des Messageries maritimes : 1 fort vol. in-8° — Paris — Chaix et C°, 1874..... 7 fr. 50

87 **Histoire et Géographie** contemporaines par G. Ducoudray : 1 vol. broché in-8° — Paris — Hachette, 1878 . . . . 5 fr.

88 **Trésor** des cartes géographiques des principaux estats de l'univers : 38 cartes sur parchemin; 1 ouvrage sans date remontant vraisemblablement au commencement du xv° siècle. Se fermant avec des boutonnières, *unique peut-être*, Paris, *Rue St-Jaque*. . 25 fr.

89 **Voyage** à l'île de France par B. de St-Pierre : 2 vol. in-12 cartonnés — Paris — 1823— Aimé André 10 fr.

90 **La Nouvelle - Calédonie** (1774-1854) par C. Brenne : 1 vol. broché in-12—Paris, Hachette, 1854. 2 fr.50

91 **De la danse des nègres** par Moreau de Saint-Rémy, à Parme, imprimé par Bodoin — Copie en manuscrit (rare) . . . . 3 fr. 50

92 **Précis** des campagnes de l'amiral Pierre Bouvet : 1 vol. broché in-12 — Paris — M. Lévy, 1866. 3 fr.

93 **Bibliographie** des ouvrages relatifs à l'Afrique et à l'Arabie par Jean Gay : 1 fort vol. broché in-8° — San-Remo (Italie)— J. Gay et fils, 1875 7 fr. 50

94 **Mémoire géographique** de la mer des Indes par J. Codine : 1 fort vol. in-8° broché — Paris — Challamel, 1868 . . . . 6 fr.

95 **Instructions** sur la navigation des Indes orientales et de la Chine par D'après de Manévilette : 1 fort. vol, relié (rare) — Paris — 1775 25 fr.

96 **Les Colonies françaises** — Travail contenu dans toute la livraison de la Revue M. et C. de mai 1883 . . . . 2 fr. 50

97 **Petit Dictionnaire géographique** de la France et de ses colonies —A. Joanne—Paris, Hachette, 1877 : in-8' broché . . . . 5 fr.

98 **Administration générale** des colonies par M. Bajou — Revue maritime et commerciale de juillet 1879 . . . . 2 fr. 50

99 **Renseignements** sur les questions coloniales — Paris — 1831, sans nom d'auteur : 1 brochure in-8°.

100 **Revue** du monde colonial de *Février 1861* : 2 articles — **La question du coton** par E. Cardon — **Statistique** agricole et commerciale des produits coloniaux par Jules Duval . . . . 2 fr. 50

101 **Les Colonies françaises**, leur organisation et administration par J. Delarbre : 1 fort. vol. in-8° broché, 1878 — Paris— B. Levrault.. 3 fr.

102 **Le Jury aux colonies** par MM. Schœlcher, Laserve et de Mahy : 1 brochure in-8° — Paris — Lechevalier, 1878 . . . . 2 fr.50

103 **Lacunes et erreurs** du projet du S. C. des colonies, M. G. et Réunion par Gustave Vinson : 1 brochure in-8° — Paris — P. Duprat, 1869 . . . . 3 fr.

104 **Considérations** sur la marine française en 1818, sans nom d'auteur : 1 brochure in-8° . . . . 3 fr.

105 **Étude** sur la réprésentation légale du commerce en France par Aug. Foulon, secrétaire de la Chambre de commerce de Nantes, 1876 — Nantes — 1 vol. broché in-8° . . . . . . 3 fr.

106 **Du régime économique** de la France et de ses colonies par F. Fontenay (Ext. du Bulletin de la S. des études coloniales et maritimes 1 brochure in-8°, 1879 . . . 1 fr. 50

107 **Histoire** des établissements européens aux Indes orientales par Savagner—Paris—1 brochure in-12, sans date (Extrait de la Gazette de la jeunesse) . . . . 50 cent.

108 **Journal illustré** des voyages et des voyageurs : 5 vol. reliés in-4' de 400 pages chacun — de 1857 à 1859 . . . . 30 fr.

109 **Origines et progrès** de la Nouvelle-Calédonie, par P. Cordeil — Nouméa — 1885 : 1 vol. brochure petit in-8° . . . . 5 fr.

CATALOGUE DES OUVRAGES

SUR

L'ILE DE LA RÉUNION

DE LA BIBLIOTHÈQUE DE M. PASCAL CRÉMAZY

A Histoire, voyages, statistiques, narrations sur ou à propos de l'Ile Bourbon ou de la Réunion, notices, annuaires, almanacs, biographies.

B Législation, administration, justice, instruction publique, politique, économie politique, etc.

C Agriculture, sciences, industrie, commerce, immigration, banques, finances, etc.

D Lettres et arts, poésies, romans, ouvrages ou brochures de genre, journaux périodiques et autres, divers, etc., etc.

A Histoires, Voyages, Statistiques, etc.

1 **Œuvres complètes** de Poivre. (P.) intendant des Iles de France et de Bourbon : 1 vol. relié in-8° — Paris — Fuchs, 1797 .... 15 fr.

2 **Mémoires historiques** de Mahé de Labourdonnais, publiés par son petit-fils : 1 vol. relié in-8° — Paris — Pélicier et Chatel, 1827 ..... 10 fr.

3 **Statistique** de l'île Bourbon par Betting de Lancastel : 1 vol. relié in-8° — Saint-Denis — Lahuppe, 1827 (très-rare) .... 10 fr.

4 **Voyage** aux colonies orientales ou lettres écrites de France et de Bourbon en 1817-18-19 et 20 par Auguste Billiard : 1 vol. relié in-8° — Paris — Ladvocat, 1822 .... 7 fr. 50

5 **Essai** de statistique de l'île Bourbon par Thomas, ouvrage couronné en 1828 par l'Académie des sciences : 2 tomes reliés en 1 vol. in-8° — Paris — Bachelier, 1828 .... 15 fr.

6 **Notice historique** sur l'île Bourbon (insérée dans l'annuaire de cette île de 1844) par M. Voïart : 1 vol. relié in-8° — Saint-Denis (Ile Bourbon) — 1844 (rare) .... 10 fr.

7 **Histoire** de l'île Bourbon depuis 1643 jusqu'à 1848 par Georges Azéma : 1 vol. broché fort in-8° — Paris — H. Plon, 1859 .... 7 fr. 50

8 **Notes** sur l'île de la Réunion par L. Maillard : 1 fort vol. in-8° avec cartes et pl. — Paris — Dentu, 1862   20 fr.

9 **Notice historique** sur l'Ile Bourbon ou de la Réunion : 1 vol. in-12 cartonné (2° édition) — Versailles — Beau jeune, 1862 .... 2 fr.

10 **Dix-huit mois de République** à l'Ile Bourbon par M. V. Focard : 1 vol. fort in-8° broché — Ile Réunion — Lahuppe, 1863 .... 10 fr.

11 **Notice** sur les principales productions naturelles et fabriquées de l'Ile de la Réunion par G. Imhaus : 3 articles de la Revue coloniale d'août 1857—7 fr. 50

12 **Fragments** de l'Histoire de Bourbon (Extrait du *Journal du Commerce*, janvier 1865) par J. Codine, brochure in-4°, 1865 .... 5 fr.

13 **Simples renseignements** sur l'île Bourbon, par Elie Pajot : 1 fort vol. broché in-8°, 1878 .... 15 fr.

14 **Un voyage à la Réunion** — Récits, souvenirs et anecdotes par C. H. Leal : 1 fort vol. in-8° broché — Maurice — 1878 .... 7 fr. 50

15 **Causeries historiques** sur l'île de la Réunion par G. F. Crestien : 1 vol. in-8° broché — Paris — Challamel, 1881 .... 5 fr.

16 **Papiers** de Joseph Hubert, publiés par Emile Trouette : 1 fort vol. in-8° broché — Saint-Denis (Réunion) — Lahuppe, 1881 .... 10 fr.

17 **Notre colonie** (Ile de la Réunion) par H. Ginget, inséré dans l'ouvrage classique : Lectures courantes pour les écoliers par Caumont : 1 vol. in-12 cartonné — Paris — 1878, Delagrave .... 3 fr.

18 **Histoire** abrégée de l'Ile Bourbon ou de la Réunion, depuis sa découverte jusqu'en 1880, par un professeur d'histoire : 1 vol. in-12 cartonné — Saint-Denis—Lahuppe, 1883 . 3 fr.

19 **Petite Géographie** de l'île de la Réunion, suivie de notes intéressantes : 1 vol. in-12 cartonné — Saint-Denis (Réunion) — Lahuppe 1882 .... 1 fr. 5

20 **Les papiers** du général Decaen par J. Tessier : 2 articles d'août et septembre 1881, de la *Nouvelle Revue* 6 fr.

21 **Précis** des événements survenus à l'île Bourbon, après l'abolition de l'esclavage dans les colonies françaises 1794 à 1812 : article sans nom d'auteur dans la *Revue coloniale* de novembre 1844 .... 7 fr. 50

22 **Notice historique** sur la colonie de Bourbon, par Elie Pajot : article de la *Revue coloniale* de janvier 1846 .... 7 fr. 50

23 **Histoire de Saint-Leu** par M. de Chatauvieux — Saint-Denis — 1866 1 brochure in-8° .... 5 fr.

24 **Notions** historiques et topographiques sur l'île Bourbon ou de la Réunion : 1 petite brochure in-8° cartonné — Versailles—Beau jeune, 1856 1 fr. 50

25 **L'Exploration**, (journal du Globe) 2 articles sur la Réunion, par H. Bionne, avril 1879 .... 1 fr. 50

26 **Macédoine** politique et historique où il est parlé de l'île Bourbon : 1 brochure in-8°, 1818—Paris—Dentu.. 5 fr.

27 **Notice biographique** sur Madame Desbassayns, par J.-B. de Villèle, 1846 1 brochure in-8° .... 5 fr.

28 **Notice biographique** sur M. J. Gaultier de Rontaunay : 1 brochure in-8°, 1862 .... 5 fr.

29 **Evénements** de l'île de la Réunion de 1868, par Desjardins, Jalabert et E. Le Roy : 1 brochure in-8°, 1869 .... 2 fr. 50

30 **Colonisation** de l'Ile Bourbon par Jules Hermann : 1 brochure in-8° — St-Pierre (Réunion) — 1885 3 fr.

B Législation, Administration, Justice, Instruction publique, Politique, Economie politique

1 **Le code noir** ou recueil des règlements rendus sur la discipline et le commerce des nègres dans les colonies françaises : 4 vol. in-12 relié, doré sur tranches — Paris — Prault, 1767 (rare) . . . . 30 fr.

2 **Code** des iles de France et de Bourbon par Delaleu : 4 grand in-4° cartonné — Port - Louis (Maurice), 1826 (rare) . . . . 40 fr.

3 **Législation** de l'ile Bourbon, répertoire raisonné des ordonnances, lois, décrets, règlements, etc., par Delabarre de Nanteuil : 3 vol. in-4° reliés, 1844 — J.-B. Gros — Paris. . 30 fr.

4 **Bulletin officiel** de l'ile Bourbon et de la Réunion, de 1815 à 1854 sans interruption : 54 vol. in-8° reliés (très rare) en collection complète   4,350 fr.

5 **Procès-verbaux** du Conseil général de l'ile de la Réunion, de 1871 à 1882 inclusivement : 19 vol. brochés in-4° — Saint-Denis — Typ. Lahuppe et Drouhet . . . . 190 fr.

6 **Procès-verbaux** de l'ancien Conseil colonial de l'ile Bourbon de 1834 à 1848 inclusivement : 10 vol. reliés in-4° et in-8° . . . . 200 fr.

7 **Album** de la Réunion (l'ile) : 5 vol. reliés grand in-4° avec recueil de dessins de 1860 à 1868 — Etudes de fruits, de fleurs, de types, etc. — Portraits historiques — Lithog. et typ. Roussin St-Denis (Réunion.   200 fr.

8 **Affaires** du Crédit foncier à l'ile de la Réunion de 1855 à 1875 — 16 brochures en 1 vol. in-4°, relié (unique) . . . . 50 fr.

9 **Affaire** T. Houat et consorts : complot de 1835, jugé par la Cour d'assises extraordinaire de 1836 de l'ile Bourbon : 4 grand in-8° relié (rare) — St-Denis—Imp. Lahuppe.   50 fr.

10 **Annuaires** de l'ile Bourbon et de la
de 1837 à 1860 : 11 annuaires.   55 fr.
de 1861 à 1879 : 19 années. .   95 fr.
— Saint-Denis — Lahuppe,.
de 1880 à 1885 : 6 années. . .   30 fr.
— Saint-Denis — Drouhet.

11 **Almanachs religieux** de l'ile de la Réunion, depuis l'année 1859 jusques et y compris 1884 — 27 années à 2 fr. 50, brochure in-12 . . . .   7 fr. 50

12 Législation de l'île de la Réunion, par D. de Nanteuil : 6 vol. in-4°, brochés de 1861 à 1863 — Répertoire raisonné de toutes les lois, ordonnances, etc.............. 36 fr.

13 De la réserve des pas géométriques à l'île de la Réunion, par Dufour Brunet : 1 fort. vol. broché in-8° — St-Denis — Drouhet fils, 1881. 6 fr.

Instruction publique

14 1° Quatre livrets d'association des anciens élèves du Lycée de Saint-Denis 1861 et 1879, 80 et 81...... 2 fr.

2° Simple note sur les propositions de la commission du budget pour le Lycée, par A. Bonnet : 1 brochure in-8°, 1871 ;

3° Etude sur l'arrêté ministériel du 22 août 1866, par le même, 1871, 16 in-8. } 3 fr.

4° Rapports de l'inspecteur Viant sur l'inspection générale de 1873-74 à la Réunion : 1 forte broc. in-8°. 5 fr.

5° L'instruction primaire et les nouvelles méthodes, par M. C. Merlet, professeur à la Réunion, 1875 : 1 brochure in-8°............. 75 cent.

6° Société de secours de Saint-Denis pour l'enseignement supérieur : 1 brochure in-12............. 50 cent.

7° Rapport général sur l'instruction publique à la Réunion par M. Antoine, vice recteur, 1880 : 1 brochure forte in-8°............... 2 fr. 50

8° Rapport de la commission chargée de réorganiser la commission centrale d'instruction publique à la Réunion : 1 brochure in-8°, par E. Le Roy, 1880.................. 1 fr.

9° Brochure sur les maisons d'école, sous la direction du Vice-Recteur d'académie, in-8°, 1881........ 2 fr.

10° Rapport de l'instruction primaire à la Réunion pour 1881, par Lecadet vice-recteur, par intérim : 1 brochure in-8°, 1882............... 50 cent.

11° Rapport de la commission chargée d'examiner diverses questions d'instruction publique, — 1874 — Conseil général..................... 1 fr.

4° **Discours** de M. Renouard aux distributions des prix du Lycée de Saint-Denis et de l'école Joinville, 1847, 1851, 1857 : 1 brochure in-8° — Saint-Cloud, 1866............. 2 fr. 50

2° **Vingt** brochures in-8° — Discours des professeurs aux distributions du Lycée et Palmarès de 1860 à 1883................... 30 fr.

3° **Deux** discours de M. Serveaux à l'école primaire du Camp-Ozoux, 1876-1877.............. 50 cent.

4° **Discours** de M. D. Barquisseau au Conseil communal de Saint-Pierre — 1880 — 1 brochure in-12.................... 50 cent.

Législation, Politique, Economie politique, etc.

1° **Considérations** sur le système colonial et la tarification des sucres, par Sully Brunet, 1832 : 1 brochure in-8°.................... 5 fr.

2° **M. Sully Brunet** aux habitants de l'île de la Réunion — 1851 — Profession de foi et documents : 1 brochure in-8°.......... 1 fr. 50

3° **De la représentation** aux colonies, par un ancien Gouverneur : 1 brochure in-8°, 1862..... 1 fr. 50

4° **Etude** sur le suffrage gouvernemental et la loi électorale à la Réunion — 1869 — par le Dr Herland :

5° **La population** de la Réunion devant le Sénat, par le même Docteur — 1869   4 fr.

6° **L'Ile de la Réunion** (question coloniale), par le Dr Berg : 1 brochure in-8°, 1869................ 1 fr.

7° **Plan** de réforme coloniale, par Laserve : 1 brochure in-12 — Saint-Denis — 1869............. 1 fr.

8° **Lettre** à MM. de la Serve et de Mahy, par F. de Floris — 1874 — 1 brochure in-8°........... 1 fr. 50

9° **De la représentation** des colonies françaises, par de Mahy (extrait de la Réforme économique de novembre 1874)......... 2 fr. 50

10° **Rapport** à la Chambre des députés pour l'application à la Réunion et aux Antilles du code pénal métropolitain — 1876............ 1 fr.

11° **Rapport** à la Chambre des députés pour l'application de l'art. 408, code pénal aux emprunteurs du Crédit foncier — 1876............. 1 fr.

12° **Rapport** à la Chambre des députés sur le budget du service colonial et pénitentiaire — 1877 — par de Mahy.................... 2 fr.

13° **Rapport** à la même Chambre pour le même budget, par le même député — 1878............. 2 fr.

14° **Projet** de constitution coloniale, par H. Bionne, 1 broch. in-4°, 1879. 75 c.

15° **Retour au protectionisme colonial**, par L. de Saint-Rémy — 1 brochure in-8°, 1880.... 2 fr.

16 **La transformation** des colonie en départements français, par Pélagaud — 1 brochure in-12 — 1882. ...., 50 cent

Discours politiques de divers rapports et projets de loi

17 1° **Discours** au Sénat de M. H. Delisle, le 26 février 1862, sur une question financière : 1 brochure in-8°..................... 1 fr.

2° **Discours** au Sénat (du même) du 15 avril 1863 : 1 brochure in-8°, sur les assurances maritimes..... 1 fr.

3° **Discours** de MM. de Laserve et de Mahy devant les commissions et à l'Assemblée nationale, jusqu'en 1874 1 brochure in-12........... 1 fr.

4° **Discours** de M. de Mahy, du 12 mars 1881 à la Chambre des députés, sur le projet d'approbation de la convention avec les messageries maritimes : 1 brochure in-8°.. 1 fr.

5° **Lettre** de MM. de Laserve et de de Mahy à M. Cornu — 1881 — 1 brochure in-8°............. 1 fr.

6° **Discours** de M. le Gouverneur Drouhet à la session extraordinaire du conseil général de l'Inde française, en mai 1883........ 50 cent.

7° **Discours** de M. H. Delisle au Sénat, sur une pétition des habitants de la Réunion : 1 brochure in-12 — 1862 .... 50 cent.

18 1° **Projets** de lois et de décrets sur la constitution et l'administration locale et municipale à l'île de la Réunion — 1876 ;

2° **Rapports** des commissions sur ces mêmes projets de loi 1877 : 2 fortes brochures in-4° — Saint-Denis.

} 10 fr.

3° **Rapport** de la commission du conseil général sur la constitution coloniale — Dufour Brunet — 1872 : 1 brochure in-8°............ 1 fr.

19 **Rapport** de la commission chargée de la révision de l'assiette des impôts : 1 brochure in-8° — 1878 — Saint-Denis .... 2 fr, 50

20 **Douze** brochures (divers rapports) — exposés des motifs, compte-rendus sur les questions municipales jusqu'en 1882 — Saint-Denis — 10 brochures in-8°................ 24 fr.

21 **Six** brochures sur le procès des communes — Mémoires et rapports divers sur la question de l'octroi de mer à la Réunion : in-8° — Saint-Denis — de 1881 à 1884 ..... 6 fr.

Cinq brochures — Discours de M. le Gouverneur Cuinier aux sessions du conseil général de 1880 à 1884—5 fr.

Petit dictionnaire financier administratif, par Rolland, commissaire adjoint de la marine : 1 forte brochure in-8° 1871 ...... 7 fr. 50

Un acte de l'administration du contre-amiral Dupré, par M. Drouhet, 1869 — Port-Louis (Maurice) — 1 grande brochure in-folio .... 10 fr.

Pétition de M. T. Drouhet, au conseil général, pour le règlement de sa pension, novembre 1869 : 1 brochure in-4°—St-Denis (Réunion) 1 fr. 50

Deux rapports du conseil d'administration de la Société du Crédit foncier colonial 1864 et 1872 et 1 rapport de 1872 sur les modifications à faire à certains articles (9) des statuts .... 3 fr.

Une brochure — Société du batelage de St-Pierre : in-8°, 1849 50 cent.

Une brochure — Tarif général des droits perçus par les douanes à la Réunion, in-8°, 1853 .... 1 fr.

Une brochure — Mayotte et dépendances — Arrêtés sur les engagements de travail et la police du vagabondage — in-8°, 1856.. 50 cent.

Une brochure — Conditions générales des entrepreneurs des travaux publics pour le génie militaire à la Réunion — in-8°, 1862 ... 75 cent.

Une brochure — Conditions générales pour la fourniture des objets nécessaires aux services de la colonie — in-8° 1863 .... 1 fr.

Une brochure — Décret et arrêtés modifiant l'enregistrement et le timbre à la Réunion.- in-8°, 1864 1 fr.

Une brochure — Association de prévoyance et de secours mutuels des médecins de l'île de la Réunion—1864 in-8° .... 75 cent.

Une brochure — Communiqué de l'administration au sujet des immigrants de l'*Eastern-Empire* — 1865, in-8° .... 50 cent.

Une brochure - Instruction sur le service intérieur des hôpitaux militaires de la Colonie, 1865, in-8°.. 75 cent.

Une brochure —. Décision pour l'embarquement et le débarquement du matériel et des passagers sur la la rade de Saint-Denis — 1866, in-8° .... 50 cent.

Une brochure — Rapport sur le projet du sénatus-consulte pour la constitution des colonies (Martinique, Guadeloupe et Réunion) par le Procureur général Delangle — 1867, in-8° .... 1 fr.

Une brochure — Rapport sur l'organisation de l'assistance publique dans la colonie, par le Dr Azéma — in-12, 1869 .... 50 cent.

Une brochure — Rapport sur la translation de l'hôpital colonial à la Providence — in-12, 1869. 50 cent.

Une brochure — Tarif des droits de magasinage, d'entrepôt — 1869, in-8° .... 50 cent.

Une brochure — Rapport du Directeur de l'intérieur, B. W. de Keating, pour le budget de 1870 — in-8°, 1869 .... 50 cent.

Une brochure — Objections à la suppression de la recette particulière à la Réunion, par F. Chaslin — Saint-Pierre, 1871 .... 1 fr.

Une brochure — Notes sur l'Institut des frères des écoles chrétiennes en France, à la Réunion, etc,, etc.— 1871, in-8° .... 1 fr.

Une brochure — La Commission du budget et le service des Ponts et chaussées, par E. Noel — in-8°, 1871 . . . . 75 cent.

Une brochure — Législation pour les élections des conseillers généraux et municipaux — in-12, 1871. 1 fr.

Une brochure — Rapport de la commission pour le rattachemement du Bras-Panon au ressort judiciaire de St-Benoit—in-8°, 1871. 50 cent.

Une brochure — Question de la suppression des droits de douanes à la Réunion, par J. de Gaillande, inspecteur des douanes — 1871, in-8°. . . . . 1 fr. 50

Une brochure — Rapport de la commission pour la question des bois à prendre dans les forêts domaniales du Grand-Brûlé—1873, in-8° 25 cent.

Une lettre des docteurs Berg et de Saint-Pern, médecins de l'hôpital colonial au conseil général — 1873 — une brochure in-8° . . . . 50 cent.

Une brochure — Rapport de l'administration de l'intérieur sur la décentralisation financière des communes — Laugier, directeur — 1873, in-8° . . . . 2 fr. 50

Une brochure — Rapport sur un projet de législation forestière à la Réunion — 1873 — in-8°. 2 fr. 50

Une brochure — Statuts de la société mutuelle de prévoyance de Saint-Denis (Réunion), 1876, in-8° 50 cent.

Une brochure — Statuts de la société de secours mutuels pour l'instruction, fondée en 1873, par E. Alexis, in-12 — 1876 . . . . 25 cent.

Une brochure — 1876 — Instructions pour les élections sénatoriales —Loi constitutionnelle 24 février 1875 — organique 2 août 1875 Règlements d'administration publique, etc., in-4° . . . . . . 1 fr. 50

Une brochure — Note sur le chemin de cavalier par le littoral entre Saint-Denis et la Possession — in-8°, 1876, par J. Buttié . . . . 75 cent.

Une brochure — Code pénal promulgué à la Réunion par substitution au code pénal colonial — 1877 — in-8° . . . . 2 fr. 50

Une brochure — Simples notes au sujet de l'érection de l'Entre-Deux en commune, par R. et D. Hoareau — 1878 — in-8° . . . . 1 fr. 50

Une grande brochure in-4° — Liste des électeurs de Saint-Denis pour 1879 . . . . 2 fr.

Une brochure — Règlement du conseil général de la Réunion voté en 1881, in-8° . . . . 75 cent.

Une brochure — Circulaire du ministère de l'intérieur pour l'élection des députés, 1876, in-8° . . 1 fr. 50

Une brochure — Décret du 20 novembre 1882, révisant le régime financier des colonies — in-8° — 1883 . . . . 2 fr.

Une brochure — Rapport de la commission des taxes douanières sur marchandises étrangères — 1884 — in-8° . . . . 1 fr.

Une brochure — Rapport du chef de service des Eaux et forêts, M. Ferrus, fait au conseil général en 1884 — in-8° . . . . 1 fr.

Deux brochures in-8° — 1884 — Sur le bassin du Barachois et son ouverture au grand baïelage. 1 fr. 25

Ensemble 39 brochures.

28 **Onze discours** de rentrée prononcés:

En 1831 par le procureur général Barbaroux ; — en 1864, par M. Lefèvre, premier substitut du procu-

reur général ; — en 1873 par M.
C. de Sigoyer, premier substitut
du procureur général ; — en 1875
par M. Madre, deuxième substitut
du procureur général : — en 1878
par M. Chrétien, procureur général ; — en 1879 par M. Murat,
deuxième substitut du procureur
général ; — en 1880 par M. Crépin,
premier substitut du procureur général ; — en 1882 par M. Chrétien, procureur général ; — en
1882 et 1883 par M. D. Brunet, procureur général dans l'Inde ; — et
discours d'installation de M. le
procureur général Chrétien, le 4
janvier 1876 à la Cour d'appel de
la Réunion — **Onze brochures** .... 16 fr. 50

29 **Une brochure** — Textes relatifs à
l'Institution du jury à la Réunion —
1881 — in-8° .... 1 fr. 50

30 Cour d'assises de Saint-Paul :

**Procès du Mascareignes —
Introduction du choléra à la
Réunion** (session de janvier 1860)
1 grande broch. in-4° — 1860.. 6 fr.

31 **Affaire Gabriel Fontaine** (cour
d'assises de Saint-Denis de 1878)
1 brochure in-8° .... 1 fr. 50

32 **Procès de Saint-Benoît** au sujet
des élections municipales de Saint-
Benoît: 1 broch. in-8°, 1879. 2 fr. 50

33 **Cinq brochures** in-8° — 1880 —
Compte-rendu par V. Grenier, des
débats sur l'affaire de l'assassinat de
la veuve Bret .... 3 fr. 75

34 **Compte général** de l'Administration de la justice de 1853 à 1861,
présenté à l'Empereur par le Ministre de la marine et des colonies
(colonies françaises) : 1 grande brochure in-folio — 1867 ...... 10 fr.

35 **Quarante-deux brochures diverses** — Mémoires, conclusions,
jugements, arrêts, notes, etc. sur des

affaires litigieuses, jugées par les tri-
bunaux administratifs ou judiciaires
de la colonie depuis 1840 jusqu'en
1884 : 1° Mémoire de M. P. D. de
Richemont contre MM. E. Cerclé et
M. Dierx, 1840 ; 2° Mémoire de M°
Brulon, pour les héritiers Duparchy
contre la caisse d'escompte et de
prêts, 1859 ; 3° Mémoire en Cour
d'appel, de M° Thinon, avocat, pour
les héritiers D. de Richemont, appe-
lants contre héritiers Duparchy, 1859;
4° Mémoire devant le tribunal de St-
Paul de M° Lesfauris, avocat pour Fé-
lix Vergoz contre T. et C. Deshayes,
1860 ; 5° Jugement et arrêt (Saint-
Paul et Saint-Denis) dans l'affaire F.
Vergoz contre Deshayes frères, 1860;
6° Consultation de MM. Magnier, Fa-
vre et Sénard, avocats à Paris, pour
les époux E. Lacroix contre P. Hoareau Desruisseaux, 1861 ; 7° Mémoire
de M. Paul de Villèle, à la Cour d'appel de la Réunion, sur la turbine
créole contre Rolphs, Seyrig et C°,
1861 ; 8° Deux mémoires pour le Directeur de l'intérieur, au nom du do-
maine contre la dame veuve Alexandre Lucas et pour M°° veuve Lucas
(M° Morel) contre le Directeur de l'intérieur, 1861 : 9° Deux mémoires Eugène Thomas fils et C° (M° Couturier)
contre Eugène Dupoüy et C° et Leres-
tif des Tertres ; E. Dupoüy et C°
et L. de Tertres contre E. Thomas
fils et C° (M° Brulon), 1861 ; 10° Jugement du tribunal de première instance de Saint-Denis du 17 mars 1862
entre MM. P. L. Gaveaux, jeune et
fils et consorts et l'administration des
douanes de la Réunion, 1862 : 11°
Mémoire pour Eugène Lacaze, syndic
de la faillite Lartigue Bérard et C°
contre L. Lefèvre et C°, Paul Tiphaine
et C° et consorts — Note de MM. Lefèvre et C° contre Lartigue, Bérard
et C° dans la même affaire en Cour
d'appel, 1863 ; 12° Courte réponse au
factum de M. Bravard par M. Char-
piot, 1865 ; 13° Mémoire de M. P. Def-
fosse contre M. Revera, devant la
Cour d'appel, 1865 ; 14° Conclusions
de P. L. Gaveaux jeune et fils et consorts, devant la Cour d'appel de la
Réunion, contre directeur des douanes
sur l'arrêt de la Cour d'appel du 22

3

août 1862 et conclusions addition-
nelles, avec réponse (2 brochures);
1863 ; 15° Consultation de M° Hallays
Dabot, sur un jugement du tribunal
de Saint-Denis (Réunion) dn 8 novembre 1864 entre Lacaussade et C°
et les Directeurs de l'intérieur et des
douanes, 1865 ; 16° Réponse de l'administration dans l'instance en cour
d'appel de MM. E. Lacaussade et C°,
1865 ; 17° Conclusions du Directeur
de l'intérieur contre Lacaussade et C°
sur l'appel d'un jugement du tribunal de Saint-Denis du 15 mai 1866 ;
18° Consultations de MM. Hébert et
Sénard sur un jugement du tribunal
de première instance de Saint-Denis
entre veuve Martin de Flacourt et
Nogues et Pruche Aubry, 1865 ; 19°
Précis des moyens du sieur Jules
Marthieu dans son procès contre dame
Périchon de Beauplan (ordre des marines) par Th. de Gaillande, avocat,
1866 ; 20° (Deux brochures) Conclusions et observations de la caisse
d'escompte et de prêts et des héritiers D. de Richemont contre les héritiers Duparchy sur un jugement du
tribunal de Saint-Denis du 28 août
1873 (M° Morel, avocat), 1874 ; 21°
Mémoire du sieur A. Diguet pour les
propriétaires du *Grand Fonds* au conseil privé de la Réunion, 1872 : 22°
(Deux mémoires) Demande en nullité
du sieur Lefort, d'un marché de gré
à gré du 28 août 1869, pour l'im-
pression du *Journal officiel* de la
Réunion et réponse de M. Gabriel
Lahuppe à M. Lefort, 1874 ; 23° Conclusions du sieur Théodore Drouhet
père contre C. de Souville et A. Lefort,
devant la Cour d'appel de la Réunion (affaire correctionnelle) 1873 ;
24° Conclusions pour le sieur V.
Trollé devant la même Cour contre
Th. Drouhet père, intimé (affaire
correctionnelle), 1873 : 25° Demande
en nullité d'un engagement de mi-
neur passé devant le syndic des immigrants de Saint-Denis (Oscar de
Jouvancourt), 1878 : 26° Mémoire en
Cour d'appel par E. Roustan contre
Crédit foncier colonial, sur un jugement du tribunal de Saint-Denis du
28 août 1878 ; 27° Mémoire (1880)
pour un projet de transaction entre
l'Administration locale et la congré-
gation des Pères du Saint-Esprit ;
28° Conclusions en cour d'appel pour
MM. Henry, Vero, Werhung et C°
contre le **capitaine Lacotte**, comman-
dant le *Président-Tropplong* et pour ce
dernier intimé contre H. V. Werhung et C°, affrèteurs, 1884 ; 29° Pour-
voi en cassation de la curatelle aux
biens vacants de Saint-Denis contre
un arrêt de la cour de la Réunion du
29 décembre 1882, 1883 ; 30° Mémoire pour Mme veuve Jules Barbot et
enfants, intimés, contre E. A. et R.
Barbot devant la cour d'appel de
Saint-Denis, 1883 : 31° Mémoire en
cour d'appel pour les héritiers et lé-
gataires de la veuve Arthur Lory
sur un jugement du tribunal de
Saint-Denis du 26 juin 1883, contre
les héritiers bénéficiaires Potigny et
Mme Jules Marthieu, 1883, **Quarante-deux brochures** .   105 fr.

36 **Une brochure** in-8° — Projet de
réorganisation du régime municipal
aux colonies par Le Boucher (Saint-
Denis, Réunion) — 1882 ...   3 fr.

37 **Elections sénatoriales** à la Réunion, mars 1875 — 2 professions de
foi de M. Drouhet — (2 feuilles
in-8°) ....   50 cent.

38 **Rapport** de M. A. de Morel, inspecteur primaire, sur le premier tri-
mestre de l'année scolaire 1884-1885,
brochure in-8° ....   1 fr. 50

39 **L'Instruction publique** à l'île
de la Réunion, par D. Brunet, procureur général (article de la Revue
maritime et coloniale d'octobre
1884 ....   2 fr. 50

40 **Réponse** d'un vieux maître au rapport
de M. Demorel : 1 brochure in-12 —
Delval, 1885 ....   1 fr.

C   Agriculture, Sciences, Industrie, Commerce, Immigration, Finances, etc.

1 **Bulletin** de la société d'acclimatation et d'histoire naturelle de l'île de la Réunion, 11 bulletins brochés, in-8°, de 1863 à 1865 — Saint-Denis (Réunion) Roussin . . . . 22 fr.

2 **Revue** théorique et pratique d'agriculture, d'horticulture, de jardinage, par le docteur Bories, de 1872 à 1873 : 7 livraisons, brochure in-8° — Saint-Denis (Réunion), — Lahuppe, 1872, 1873 . . . . 17 fr. 50

3 **Bulletin** météorologique et agricole de la station agronomique de l'île de la Réunion : 30 bulletins in-8° brochés de 1876 à 1879 . . . . 15 fr.

4 **Revue** du monde colonial du 25 décembre 1861 — Le *Port de Saint-Pierre* à la Réunion . . . . 2 fr.

5 **Même revue** de février 1862 — Le *Port de Saint-Pierre* à la Réunion, par A. Noirot . . . . 2 fr.

6 **La question** du Port à la Réunion, par MM. Crémazy et Noirot (Revue du monde colonial) de septembre 1863 . . . . 1 fr. 50

7 **Aranéides** de la Réunion, de Maurice et de Madagascar, par A. Vinson, article bibliographique dans la *Revue du Monde colonial* d'octobre 1863 . . . . 1 fr. 50

8 **Courrier** de l'île de la Réunion et Madagascar, par Crémazy (*Revue du monde colonial*) de novembre 1863 et mars 1864 . . . . 3 fr.

9 **Courriers** de l'île de la Réunion et de Madagascar, par Crémazy (*Revue du monde colonial, asiatique et américain*) de juin 1864 à juin 1865 — 44 fr.

10 **Un bassin de carénage** à Saint-Pierre, par Crémazy (*Revue du monde colonial*) de septembre 1864 . . 2 fr.

11 **Trente-six bulletins** et rapports de la chambre d'agriculture et de l'île de la Réunion de 1857 à 1885 : 36 brochures in-8° — Saint-Denis — Lahuppe . . . . 40 fr.

12 **Exposition** intercoloniale, agricole et industrielle de 1881 — Rapport du comité central d'exposition — 1 brochure in-8° — Saint-Denis — Lahuppe . . . . 1 fr. 50

13 **Compte-rendu** des travaux de la station agronomique de l'île de la Réunion, par Delteil, 3 numéros (*Revue maritime et coloniale*) de janvier, février et mars 1882 . . . . 6 fr.

14 LÉONCE POTIER — **Sept brochures** in-8° — Saint-Denis et Saint-Pierre : 1° La culture à la Réunion, 1876 ; 2° Lettres sur l'agriculture, 1881 ; 3° Progrès de la charrue à la Réunion, 1879 ; 4° Les instruments de labourage à la Réunion et Maurice, 1880 ; 5° Discours à la distribution des prix du collège Saint-Paul, 1882 ; 6° Lettres sur le colonage partiaire, 1883 ; 7° Tournée de charmes, 1885.. 9 fr.

15 **Douze brochures** sur diverses maladies et à propos des maladies, à l'île de la Réunion :

1° Instruction sur l'hygiène à suivre pendant l'épidémie de choléra, 1859 ; 2° Controverses médicales, mémoire par le docteur A. Berg, 1861 ; 3° Compte-rendu de l'établissement hydrothérapique du docteur Herland, aux médecins de Maurice et de la Réunion, 1865 ; 4° Observations sur la maladie appelée *le Barbier*, à l'île de la Réunion, par le docteur A. Vinson, 1870 ; 5° Essai sur le traitement de la lèpre, par le docteur Berg, 1870 ; 6° Instruction sur les moyens préservatifs et curatifs de la maladie régnante (fièvre de malaria), par le docteur Bassignot, 1872 ; 7° Rapport sur la fièvre endémo-épidémique de la Réunion, par le docteur Bassignot, 1872 ; 8° Arrêté de réorganisation du service sanitaire à la Réunion, 1875 ; 9° La dengue des pays chauds, par le docteur Lacaze, 1878 ; 10° Traitement de la lèpre, par J. Leclerc (docteur), 1878 ; 11° Etude sur l'épidémie régnante : — Extrait du journal *le Travail*, par Trollé — Saint-Pierre ; 12° Le passé, le présent et l'avenir de l'hydrothérapie à la Réunion, docteur Herland, 1870........ 24 fr.

16 **Guide** hygiénique et médical aux eaux thermales de Salazie, par MM. Petit et Gaudin : 1 forte brochure in-8° avec 6 lithographies de Roussin — Saint-Denis — Delval....... 5 fr.

17 **Guide médical** à l'usage des capitaines de la marine du commerce, par le docteur Cérisier, médecin à la Réunion : 1 fort vol. broché in-8° — Dictionnaire — Saint-Denis — Typ. Roussin, 1868................. 6 fr.

18 **Œuvres** du docteur Azéma, 5 brochures : 1° de l'*Ulcère de Mozambique* — Paris — 1863 ; 2° Note sur la fièvre récurrente de l'île de la Réunion — Saint-Denis — 1866 ; 3° Traité de la lymphangite endémique des pays chauds (2 brochures) — Saint-Denis — 1878-1879 ; 4° La variole à l'île de la Réunion : 1 forte brochure in-8° — Paris — Delahaye, nouvelle édition, 1883................. 12 fr.

19 **Catalogue** des plantes cultivées aux Jardins botaniques et de naturalisation de l'île Bourbon, par Bréon : 1 grande brochure in-8° — Saint-Denis — 1820 (rare)......... 10 fr.

20 **Catalogue** des végétaux cultivés au Jardin du gouvernement, par Richard — Ile de la Réunion — 1856 : 1 brochure in-8°.......... 7 fr. 50

21 **Catalogue** des produits des colonies françaises à l'exposition de Londres de 1862 : 1 grande brochure in-8° — 1862..................... 3 fr.

22 **Catalogue** des p. des colonies françaises à l'exposition universelle de 1878 : 1 grand vol. broché in-8° — Challamel aîné, 1878........ 6 fr.

23 **De la culture de la canne et de la fabrication du sucre**, 13 brochures in-8° :

1° Mémoire sur la culture et la manipulation de la canne à sucre, par C. d'Epinay — Maurice, 1852 ; 2° Essais sur les variétés de cannes qui existent à la Réunion (auteur et dates inconnus, se rapportant très-probablement à l'année 1850 ou 1851 ; 3° De la culture de la canne, par M. le baron J. Desbassyns, offert à la colonie de la Réunion par sa fille, la vicomtesse Jurien, 1859 ; 4° De la culture de la canne à la Réunion, par M. Malavois, 1861 ; 5° Le nouveau procédé Rousseau et ses conséquences pour la fabrication du sucre aux colonies, par G. Imhaus, 1861 ; 6° Des pucerons, des maladies des cannes à sucre et des moyens d'y remédier, par le docteur Ribis, 1864 ; 7° Insectes parasites et maladie de la canne à sucre, par le docteur Berg, 1868 ; 8° Culture des plantes saccharifères en général et à l'île de la Réunion, par E. Estingoy, 1870 : 9° Petit manuel d'engrais pour la canne, par Delteil, 1872 ; 10° Traité sur les propriétés et les effets du sucre, par Lebreton : 1 brochure in-12 — Paris — 1789 : 11° Culture de la canne à Maurice — Lettre de M. J. de Mazérieux au Président de la Chambre d'agriculture de la Réunion, 1879 : 12° Le sucre dans la bagasse, conférence sur l'industrie sucrière aux colonies, par Sérullas, 1881 ; 13° Nouveau procédé de fabrication du sucre de canne, par le docteur Icery, 1882 . . . . 40 fr.

4 **Trois brochures sur la vanille :** 1° Notice sur la culture du vanillier et la préparation de la vanille par D. de Floris, 1857 ; 2° Notice sur l'introduction et la fécondation du vanillier à l'île Bourbon, par V. Focard, 1863; 3° Etude sur la vanille, par Delteil — Paris — 1874 — 1 brochure in-8°, avec planche.. . . . . 4 fr. 50

5 **Brochures sur la culture du tabac :**

1° Instruction pour préparation du tabac en feuilles, 1866 ; 2° Manuel de la culture et de la préparation du tabac en feuilles, publié par la Chambre d'agriculture, sans date ; 3° Deux manuels de la culture du tabac dans l'île de la Réunion, par A. Michel, 1884 ; 4° Trois brochures et rapports sur la question des tabacs à la Réunion, 1883 et 1884 . . . . 5 fr. 50

26 **Manuel** du planteur de coton, par Jules Vallier — Saint-Denis (Réunion) 1863 : brochure in-8° . . . . . 4 fr. 50

27 **Annales** de l'agriculture des colonies et des régions tropicales, par Paul Madinier, numéro de janvier 1860 : brochure in-8° . . . . 4 fr. 50

28 **Mémoire** sur la situation de l'agriculture à l'île de la Réunion en 1868, par Dupeyrat : 1 vol. broché in-8° — Paris — 1873 . . . . 3 fr.

29 **Introduction** de la chimie agricole — Application des principes de la chimie à la culture de la canne à sucre, par Hugoulin, 1 vol. broché in-8° — Paris, 1859 — Application des industries de la métropole à l'île de la Réunion, par Hugoulin, 1 vol. broché grand in-8° — Paris — Challamel, 1873 . . . . 7 fr. 50

30 **Sept brochures** sur le reboisement et l'irrigation :

1° Rapport du s.-comité de l'exposition de Saint-Benoit, 1873 ; 2° Rapport du receveur des domaines sur la situation du service des eaux et forêts, 1874 ; 3° Causeries sur l'irrigation et le reboisement, par J. Hermann, 1880 ; 4° Rapport de M. Jacquier, ingénieur, sur la question de l'aménagement des eaux ; 5° Note de la direction des domaines sur les boisements du littoral entre Saint-Paul et Saint-Louis ; 6° Rapport de la commission du Conseil général, chargée d'examiner la question d'irrigation, 1881 ; 7° Rapport au Conseil général sur le service des eaux et forêts, par M. Ferrus, 1884 . . . . 10 fr.

31 **A la recherche d'une source,** par Delteil, broch. in-8°, 1874—2 fr.50

32 **Rapport** de M. Debette, ingénieur des mines en mission à la Réunion, brochure in-8°, 1877 . . . . 3 fr.

33 **Rapport** du comité central d'exposition sur la culture du quinquina à la Réunion : 1 broch. in-8°, 1876— 2 fr.

34 **La Ramie,** sa culture, son exploitation à la Réunion, par J. M. Reynaud, 1 brochure in-8°, 1881 . . . . 2 fr.

35 **Des plantes** médicinales de la Réunion, par le docteur Leclerc, 1 brochure in-8°, 1864 (rare) . . . . . . 5 fr.

36 **Orchidées** de l'île de la Réunion, Ch. Frappier de Montbenoit, 1 brochure in-8°, 1880 . . . . 1 fr. 50

37 **Monographie** des chloranthacées, par C. Jacob de Cordemoy, 1 brochure in-8°, 1863 (Extrait de l'*adansonia*) — Recueil d'observations botaniques . . . . 1 fr. 50

38 **Histoire naturelle** du papayer par Emile Vinson (extrait du Bulletin de la société des sciences et arts), 1 brochure in-8°, 1868 . . . . 1 fr. 50

39 **Un mot** sur la fertilité de l'eau à l'île de la Réunion, par A. Berg (docteur), 1 brochure in-8°, 1863 . . . . . . 1 fr.

40 **Observations** sur les maladies des caféiers à la Réunion, par Delalande, 1 brochure in-8°, 1883 . . . . 1 fr. 50

41 **De l'introduction et de l'acclimatation** des quinquinas à la Réunion — Thèse, par Edouard Trouette, 1 forte brochure in-8°, 1879. 2 fr. 50

42 **De la famille des Bixacées** — Thèse à l'école S. de pharmacie de Paris, par R. Châtel (pharmacien à la Réunion, 1 forte brochure in-8°, 1880 . . . . 2 fr. 50

43 Saint-Leu — **Question d'eau**, par Desvallons Euger, 1 forte brochure in-8°, 1870 . . . . 2 fr. 50

44 **Colonisation** — Trois brochures :

1° Rapport de la commission du Conseil général sur le projet de concession de la P. de Bélous, 1869 ; 2° Projet d'une ferme modèle sur les plateaux élevés de la Colonie par N. Lambert, 1860 ; 3° Mémoire sur la colonisation de la P. des Cafres, par Bois-Joly Potier, 1871, 3 brochures in-8° . . . . 3 fr. 75

45 **Du minerai** de fer à la Réunion (extrait des procès-verbaux du comité central d'exposition de Saint-Denis, 1 brochure in-8°, 1874 . . . . 1 fr. 50

46 **Rapport** de la commission chargé d'étudier la catastrophe du Grand Sable à Salazie, 1 brochure in-8°, 1876 avec photographie et planche . . 3 f.

47 **De l'éboulement** survenu à l'île Bourbon, par M. Velain, 1876, 1 brochure in-8° . . . . 50 cen.

48 **Note** sur l'oxynotus ferruginens : Te tec des hauts), par F. Pollen, 1 grande brochure in-8° (extrait du bulletin de la société d'acclimatation de la Réunion avec dessins lithog. de Roussin, 1865 . . . . 2 fr. 5

49 **Description** de quelques espèces nouvelles de poissons de l'île Bourbon, par M. Morel, directeur du Museum, et par M. Valenciennes, de l'Institut, 1 grande brochure in-8°, 1862 . . . . 2 fr.

50 **Questions guildivières** — Distillerie — 10 brochures :

1° Arrêté et règlement sur la fabrication et la vente des rhums à la Réunion, 1855 ; 2° Arrêté et instruction concernant les droits sur les spiritueux, 1861 ; 3° Question des guildives et de l'impôt, 1865 ; 4° Recueil de divers projets sur les guildives par A. Samat (2 brochures), 1867 5° Projet d'une société pour l'industrie guildivière dans la colonie (G. Vinson), 1868 ; 7° La vérité sur l'impôt du rhum à la Réunion, par le docteur Herland, 1868 ; 8° Des moyens d'anéantir la fraude des rhums, par L. Gérard, 1869 , 9° Communication aux sucriers et guildiviers pour la création d'une société pour la vente des mélasses et rhums, par Berthault, 1884 . . . . 7 fr. 50

51 **Discours** du docteur Coquerel à la séance publique de la société d'acclimatation de 1863 . . . . 50 cent.

52 **Eaux minérales** de l'île de la Réunion et nids de Salanganes, grande brochure in-4°, sans nom d'auteur, 1862 . . . . 5 fr.

ettre de M. Pélagaud au président de la chambre d'agriculture sur la vigne, 1883.......... ... 50 cent.

eux brochures (ensemble) — Géologie de l'île de la Réunion par Maillard — Rapport de M. Dufrénoy à à l'institut, 1863 — Note sur la fabrication des miroirs magiques chinois, par Maillard, communiquée] à l'Institut, par M. Biot, 1853. 50 cent.

orts (4 brochures) — Etudes sur la création d'un Port à la Réunion, par Morlière, grand in-8°, 1872 — De la création d'un port à la Réunion, par Emile Trouette, 1877 — Le Port de Saint-Denis, 2 brochures (2 parties), par l'ingénieur C. Jacob de Cordemoy, 1877............-.... .. 12 fr.

uestion monétaire à la Réunion : (7 brochures)— 2 brochures : —Conférences de M. Imhaus sur la question monétaire à la Réunion, 1879 — La réforme monétaire et ses conséquences, par M. Ringwald, 1879—Une question monétaire à l'île de la Réunion, par G. L. de K/véguen — Rapport de la chambre de commerce de la Réunion présenté par M. Ringwald, sur la réforme monétaire à la Réunion, 1881 — Les chambres de commerce et d'agriculture de la Réunion devant la chambre des députés (divers rapports), 1882 — Note en réponse à la chambre de commerce de l'île de la Réunion, par M. Imhaus (article de la *Revue maritime et coloniale* de décembre 1882.. 10 fr. 50

a caisse d'immigration et la culture sucrière à la Réunion en 1878 : 1 brochure in-8° forte (extrait du journal le *Travail*.......... 5 fr.

inq brochures in-8° — Règlements de la société des courses à la Réunion et documents snr la propagation de la race chevaline dans la Colonie de 1859 à 1877.... 3 fr. 50

a question du Crédit foncier colonial (Etudes dédiées aux contribuables par Trollé et Giraud : 1 fort vol. broché in-4°, 1871............,..... 5 fr.

60 **La réforme fiscale** à la Réunion, par Trollé : 1 brochure in-8°, 1877 .... 2 fr.

61 **Statuts** de l'Union des chasseurs à la Réunion : 1 broch. in-8°, 1883— 75 c.

62 **Six (6) revues** commerciales pour les années 1873-74-75-76-77-78 et 79 — Saint-Denis (Réunion).. 6 fr.

63 **Du rôle de la science**, comme instrument de progrès, par Pâté, capitaine du génie à la Réunion (extrait du Bulletin de la société des sciences et arts — Réunion — 1 brochure in-8°, 1864 .... 75 cent.

64 **Deux brochures** — G. Dostor, professeur, Réunion — Théorie des signes en trigonométrie, 1866 — Esquisse historique de l'algèbre, in-8° 1868.................. .... 2 fr.

65 **Association** pour la réforme du régime commercial des colonies — Compte-rendu du 22 février 1864 : 1 brochure in-8° — Paris... 1 fr. 50

66 **Etude** sur les ouragans de l'hémisphère austral, par H. Bridet : 1 fort vol. broché in-4° — Saint-Denis, 1861 — **Etude** sur........ 3° édition : 1 fort vol. broché in-8° — Paris — Challamel, 1876 — **Manuel** de cyclonomie, par E. Trouette et Bridet, 1862 — Paris — 1 brochure in-8°..................... 15 fr.

67 **Note** sur les accidents du tir spontané des bouches à feu par Ernest Arnoux, capitaine d'artillerie à la Réunion, 1853 .... 1 fr.

68 1° **Prospectus** du projet du chemin de fer de la Réunion : 1 brochure in-8°, 1858................ 1 fr.

2° **Statuts** de la société du télégraphe électrique de la partie du Vent à la Réunion : 1 broch. in-8°, 1870—50 c.

3° **Projet** de chemin de fer entre Saint-Denis et le Brûlé : 1 broch. in-16, 1883.................... 50 cent.

69 Statuts de la Banque d'union et d'é-
change par Trollé, 1866 : 1 brochure
in-8° — Appel aux sucriers — Acte
d'adhésion à la Banque d'union et d'é-
change, 1866 : 1 broch. in-8°   1 fr. 50

70 Projet de société en commandite pour
l'achat d'un bateau à vapeur entre
Saint-Denis (Réunion) et Saint-Pierre
par A. Beauvillain : 1 brochure in-8°,
1865 . . . .   75 c.

71 Banques — 7 volumes et brochures :
1 brochure, C. Féry d'Esclands, 1851
— Examen du projet de loi sur banques — Banques coloniales, 1 vol.
in-8° — Lois, statuts, documents, Paris, 1867 : 1 brochure in-8° — La Banque devant le Conseil général Saint-
Denis, 1870 : 1 brochure in-4° —
Compte-rendu au Président de la République de la Commission de surveillance des banques coloniales, Paris 1872 : 1 brochure in-4° — Mémoire explicatif aux actionnaires par
le Conseil d'administration de la Banque Saint-Denis, 1879 : 1 brochure
in-4° — Banque de la Réunion, pro-
position d'augmentation du capital
social Saint-Denis, 1881 . . . . .   12 fr.
— Rapport d'une Commission au Conseil général pour le renouvellement
de la société de la Banque de la Réunion 1869 : 1 brochure in-8°   50 c.

72 Crédit agricole et commercial :
Notice sur une banque de dépôts à la
Réunion, par E Neveu : 1 brochure
in-8°, 1863 — 2 brochures in-8°, 1864
— Statuts et opérations principales du
Crédit agricole et commercial : 7 brochures in-8° — Rapports du Conseil
d'administration du Crédit agricole
et commercial de 1876 à 1884   7 f. 50

73 Considérations juridiques sur
une Compagnie d'assurances à primes
fixes contre l'incendie, en commandite par actions — 1863.— Statuts de la
Compagnie anonyme *la Créole* 1866
Rapport de la Commission chargée
d'examiner les modifications aux statuts, 1873 : 3 broch. in-8° . . . .   2 fr.

74 Statuts de la Compagnie générale des
engrais de la Réunion : 1 brochure
in-4°, 1877 . . . . , ...   1 fr.

75 Sucres et régime politique et co[m]-
mercial des colonies :

1° **Mémoire** sur la question [des]
sucres de la Chambre de comme[rce]
de Nantes : 1 brochure in-4°, 185[ ]
2° **La question** des sucres au po[int]
de vue colonial, par T. Lahuppe[ ]
brochure in-8°, 1865 ; 3° **Docu-**
ments officiels sur la const. d[es]
colonies et sénatus-consulte de 186[ ]
1 forte brochure in-8°, 1866 ; 4° **Rap-**
port de M. Ringwald au Conseil g[é]-
néral sur les projets de tarifs [de]
douanes et d'octroi : 1 brochure i[n-]
8°, 1867 ; 5° **Projet** de tarif [de]
douane, par l'administration d[es]
douanes de la Réunion : 1 gran[de]
brochure in-4°, 1867 : 6° **Rapport** [de]
la Chambre de commerce de la Ré-
nion sur le nouveau projet de l[oi]
sur les sucres : 1 brochure in-8°
Saint-Denis, 1875 ; 7° **Le question-**
naire de la question des sucre[s]
par Lepelletier de Saint-Rémy :
gros fort vol. in-8° — Paris, 187[ ]
8° **L'agitation** métropolitaine co[n]-
tre la liberté commerciale des col[o]-
nies, par T. Lahuppe : 1 brochu[re]
in-8° — Saint-Denis, 1878 : 9° **La**
détaxe de distance sur les sucre[s]
par Pierre Alype : 1 brochu[re]
in-12, — Paris — 1880 ; 10° **No-**
tes de la Chambre de commerce d[e]
Nantes sur la question des sucre[s]
in-8° broché, 1884 . . . .   22 fr. 5[0]

76 Rapports et ouvrages divers su[r]
l'Immigration et le *Travail* agricole à la Réunion :

1° **Rapports** du comice agricole d[e]
Sainte-Suzanne sur le travail de[s]
nouveaux affranchis et sur [le]
prix de revient des engagés étrangers, par Patu de Rosemont, 1854[:]
1 forte brochure in-8° . . . . . .   3 fr[ ]

2° **Mémoire** du comité-directeur d[e]
la Compagnie d'immigration de l[a]
Réunion, 1855 : 1 br. in-8° — 1 fr. 5[0]

3° **La crise alimentaire** et l'immigration des travailleurs étrange[rs]
à la Réunion, par A. Fitau, 1859[:]
1 brochure in-8° . . . .   1 fr. 50

4° **Cahier des charges** pour l'int. à la Réunion des travailleurs étrangers de l'Inde : 1 broch. in-8° — 1 fr.

5° **L'immigration africaine** aux colonies françaises, par MM. Menon et T. Lahuppe : 1 brochure in-8°, 1866................... 1 fr. 50

6° **De l'immigration** à la Réunion, 1866, étude par W. Saliz : 1 brochure in-8°................ 2 fr.

7° **De l'immigration africaine** dans les colonies françaises, par C. Chatelain : — 1 brochure in-8° — 1870.................... 1 fr. 50

8° **Commission** du régime du travail aux colonies, rapporteur Rivet — 1873 : 1 broch. in-8°, Paris.   2 fr.50

9° **Rapport** du vice-amiral Fourichon sur le régime du travail dans les colonies : 1 brochure in-4° — Paris, 1875 .... 3 fr.

10° **Rapport** au Conseil général de la Réunion sur le projet de loi relatif au régime du travail dans les colonies, 1876 : 1 brochure in-8°.... 1 fr. 50

11° **Mémoire** de la chambre d'agriculture de la Réunion sur la même question, 1877 : 1 broch. in-8°—1 fr.50

12° **Restauration** de la traite des noirs à Natal par V. Schœlcher, 1877 : 1 brochure in-8° avec une lettre de lui, d'avril 1878............ 5 fr:

13° et 14° **Circulaire** aux syndics, de la Direction de l'intérieur, 1877 et rapport de la commission du Conseil général pour l'examen de la protection des immigrants dans la colonie, 1878 : 2 brochures in-8° ...... 2 fr.

15° **Conférence** de M. Imhaus sur l'immigration : 1 brochure, in-8°, 1879 .... 1 fr. 50

16° **Rapport** de la commission administrative pour réviser les lois sur la protection et la police des immigrants 1 brochure in-8°, 1879 .... 2 fr.50

17° **Projet de décret**, avec propositions de la commission et de l'administration : 1 grande brochure in-4°, 1880..................... 3 fr.

18° **Projet de décret** réglementant l'immigration indienne par la commission du Conseil général de 1880 : 1 brochure in-4°........... 3 fr.

19° **Projet de décret**, adopté par le Conseil d'état sur l'immigration à la Réunion — 1882 — 1 brochure in-4°..................... 3 fr.

20° **Rapport** de la chambre d'agriculture sur la note anglaise ; *suspension du recrutement asiatique* — 1880 — 1 brochure in-8°........... 1 fr.

21° **Rapport** du Conseil général sur la même question, à propos de la note anglaise : 1 brochure in-8° — 1880..................... 1 fr. 50

22° **Rapport** de la Direction de l'intérieur sur la question d'immigration, 1880 : 1 brochure in-8°.... 1 fr. 50

23° **Rapport** de la commission du Conseil général sur les changements apportés par le Conseil d'état au règlement voté par le Conseil général en 1880-1882 : 1 broch. in-4°.... 3 fr.

24° **Rapport** supplémentaire sur l'immigration 1882 : 1 broch. in-8°— 1 fr.

25° **Rapport** de la commission d'immigration *et* du syndicat de 1875..................... 75 cent.

Ensemble : **49 fr. 25**

77 **La science populaire** dans ses applications aux arts et à l'industrie par Rambosson, ancien rédacteur du journal *la Malle* à la Réunion : 1 vol. broché, 1865..... 3 fr. 50

78 **Protestation** (broch. lithog.), par S. Crémazy contre l'établissement d'une marine au Champ-Borne (Saint-André), 1856............... 50 cent.

79 **Croquis** — grand in-folio — de l'avant-projet du Port de Saint-Paul (Réunion), par M. Pierre Conil — 1875 .... 1 fr.

80 Sénat — **Rapport** de la commission de la loi adoptée par la chambre des députés sur les *sucres* — 1884 — 1 brochure in-4° .... 1 fr. 50

81 **Circulaire** aux négociants et commerçants de la Colonie, pour recouvrement sur les communes, des droits d'octroi — Brochure in-12 — 1880 — par Alizart .... 50 cent.

82 **Le Crédit foncier** devant l'opinion — Discours de M. Revercé en février 1871, dans les réunions électorales de Sainte-Marie et de Sainte-Suzanne 1 brochure grand-in-8° ...... 2 fr.

83 **Ports et chemin de fer** à la Réunion : 1 grand vol. in-4°, relié, contenant 25 brochures, dans l'ordre suivant :

1° **Prospectus** du chemin de fer de l'île de la Réunion, 1858 — 2° **Rapport** sur les études de M. Morlière pour la création d'un port à la Réunion, 1871 — Rapport au Conseil général — 3° **Mémoire** de M. P. Conil fils au Conseil général de la Réunion, sur le deuxième projet d'un port à Saint-Paul, 1874 — 4° **De la création** d'un port à la Réunion, par Emile Trouette, 1877 — 5° et 6° **Deux brochures** de M. Camille Jacob de Cordemoy sur le Port de Saint-Denis, avec plans, 1877 — 7° **Rapport** au Conseil général de la commission nautique sur le projet de construction d'un port à la Pointe des Galets, 25 avril 1873 — 8° **Projet** définitif d'un port dans le delta de la Pointe des Galets — Adresse au Conseil général par E. Pallu de la Barrière, 10 mai 1873 — 9° **Projet** d'un chemin de fer à créer à l'île de la Réunion, 28 août 1873, par Pallu de la Barrière — 10° **Rapports** du Directeur de l'intérieur et de la commission du Conseil général, avec discussion et votes du Conseil général sur les modifications du cahier des charges primitif du port de la Pointe des Galets, 25 juin 1874 — 11° **Demande** de concession de chemin de fer au Conseil général et aux conseils municipaux, par M. Lavalley, 17 juin 1875 — 12° **Rapport** de la commission d'enquête et cahier des charges dressé par cette commission, 15 septembre 1875 — 13° **Rapport** du Directeur de l'intérieur avec un supplément au cahier des charges de la commission d'enquête, octobre 1875 — 14° **Rapport** de la commission du Conseil général pour l'examen du projet de chemin de fer de MM. Lavalley et Pallu de la Barrière avec nouveau cahier des charges novembre 1875 — 15° **Rapport** de M. de Lormel au nom de la commission chargée d'examiner la demande de MM. Lavalley et Pallu de la Barrière, 14 juillet 1876, avec les signatures autographes de MM. de Lormel, E. Duclerc, Benoist d'Azy, Lavalley et E. Pallu de la Barrière (tableaux annexes) — 16° **Projet de loi** présenté à la commission des députés le 4 août 1876, pour la création d'un port à la Pointe des Galets et l'établissement d'un chemin de fer à la Réunion — 17° Numéro du *Journal officiel* de la République française du 6 février 1877 (1re délibération sur le projet de loi relatif à la création d'un port à la Réunion, (Pointe des Galets) et d'un chemin de fer) — 18° Numéro du même journal du 20 février 1877 (2° délibération sur le même projet de loi pour la création d'un port à la Pointe des Galets et d'un chemin de fer à la Réunion) — 19° **Tracé** du chemin de fer dans la C. de Saint-Denis — Rapport de la commission municipale, 24 juillet 1878 — 20° **Rapport** au Conseil général de la commission du tracé de la voie ferrée entre Saint-Benoît et Saint-Pierre, 29 août 1878 — 21° **Discussion** au Conseil général du tracé du chemin de fer de la Réunion (extrait des procès-verbaux des séances du Conseil général du 6 au 20 septembre 1878) — 22° **Rapport** au Conseil général par M. C. Jacob de Cordemoy — Rapport de la commission chargée d'examiner un projet de transaction entre la colonie et la compagnie du chemin de fer, 1881 — 23° **Banquet** offert à M. Lavalley le 2 août 1884 — 24° **Projet de loi** présenté à la Chambre des députés le 10 juin 1884 pour l'approbation de la convention du 6 mai 1884 en vue de l'achèvement et de l'agrandissement du port de la Pointe des Galets — 25° **Note** sur les travaux du port de la Réunion, par MM. Joubert et Fleury, 1885.   250 fr.

84 **Port de Saint-Pierre** — 12 brochures en 1 vol. in-4° relié :

1° Note sur les travaux du port de Saint-Pierre, par un créole de l'île de la Réunion, 1862 — 2° **Travaux** d'achèvement du port de Saint-Pierre — Rapport du Directeur de l'intérieur en Conseil privé et de l'ingé-nieur Proszynski, 1865-1864 avec plans — 3° **Projet** de traité avec MM. Conil et Lapeyre, décembre, 1877 — 4° **Statuts** de la société anonyme du Port de Saint-Pierre, 1878 — 5° **Projet** d'un port à Saint-Pierre (plans et détails par C. Barle), 1878 — 6° **De l'achèvement** du port par la commune elle-même, par J. Hermann, 1879 — 7° **Trois mémoires** de MM. Naturel, A. Ricul et P. Crémazy, 1883 et 1884, sur les tarifs du port de Saint-Pierre 8° **Du pouvoir** compétent pour voter les privilèges pour l'exploitation du port de Saint-Pierre, 1884 — 9° **Consultation** sur le régime financier de la commune de Saint-Pierre, par M. Choppard, avocat au Conseil d'état, 1885.......   100 fr.

D   Littérature, Poésies, Romans, Ouvrages et Brochures sur divers sujets.

1 **Parny** — 5 vol. in-12 reliés (œuvres complètes) — Paris Debray — 1808....................   25 fr.

2 **Œuvres de Parny** avec préface, par Sainte Beuve : 1 vol. in-8° relié — Paris, Garnier frères, 1862. 5 fr.

3 **Œuvres de Bertin** — 3 tomes en 1 vol. in-12 relié, avec portrait de l'auteur — Paris, Didot aîné, 1823 — (rare)................... 15 fr.

4 **Œuvres de Lacaussade (Auguste)** *Les Salaziennes* : brochure in-8°, 1839 — Ailland, Paris — *Poëmes et paysages* : 1 vol. broché in-8°, — 1861, Dentu — *Les Epaves* : 1 vol. broché in-8°, — 1862, Dentu, Paris — *Poésies* : 1 vol. broché in-8° — 1875, Semerre, Paris.......   28 fr. *Cri de guerre* : 1 vol. broché in-12, — 1880 — A la mémoire de R. de Lascrve : brochure in-8°, sans date.

5 **LeConte de l'Isle** (œuvres de) :

1° **Poésies complètes**, poëmes antiques, idylles de Théocrite : 1 vol. relié in-8°, 1858 — 2° **Poésies barbares** : 1 vol. relié in-8°, 1862 — **Les Erynnies** : 1 petit in-8°, 1873 — 4° **Le sacre de Paris** : 1 brochure, 1871 .... 17 fr. 50

6 **Léon Dierx** (œuvres de) :

Les aspirations : 1 vol. relié, in-8°, 1858 — Poëmes et poésies : 1 vol. broché in-8°, 1864 — Poésies : 1 vol. broché in-8°, 1872 — Les lièvres closes : 1 vol. broché in-8°, 1867 — Les amants : 1 vol. broché in-8°, 1879 .... 21 fr.

7 **E. Azéma** (œuvres poétiques), nouvelle édition : 1 vol. relié in-8° — Paris, 1877, Ernest Le Roux.. 6 fr.

8 **Eug. Dayot**, œuvres choisies : 1 vol. relié in-8° — Paris, 1878 — Challamel .... 6 fr.

9 **Émile Bellier** (*œuvres poétiques*) : 1° **Pleurs et sourires** : 1 vol. relié in-8°, 1858 — 2° **Pendant l'invasion**, pièce en 1 acte, en vers, 1875 1878 — 3° **Un veuvage sous l'empire**, drame en 2 actes et en vers — 4° **Pris au piège**, comédie en 1 acte et en vers, 1883... 11 fr.

10 **Champou (Christian)** : *Les Patriotes*, épisode dramatique en 1 acte et en vers : 1 brochure in-8° — 1878 .... 2 fr. 50

11 **E. Cotteret** (œuvres) : 1° *Les Monuments*, poésies, 1 brochure in-8° — Saint-Denis, 1846 — 2° *Les Sensitives*, poésies, 1 forte brochure in-8° — Saint-Pierre, 1862 (rare). 12 fr.

12 **F. Saint-Amand** (œuvres) :

1° *Odes d'Horace*, traduites en vers, 1857, brochure in-8° — 2° *Bourbonnaises*, poésies, 1859, brochure forte in-8° — 3° *Satires d'Horace*, traduites en vers français, brochure in-8°, 1869 — 4° *Art poétique d'Horace*, traduit en vers français, brochure in-8°, 1865 — 5° *La navigation aérienne*, poème, petite brochure in-8°, 1878 — 5° *Les Montagnards*, poème, petite brochure in-12 — 7° *12 Fables* par le même, brochure in-8°, 1874 — 8° *Manuscrit*, sonnets et chansons, Saint-Denis, 1874, cahier in-8° — 9° *Manuscrit*, odes galantes d'Horace, traduites en vers français, 1874, cahier in-8° .... 25 fr.

13 **Victor Grenier** : 39 brochures in-8° (petit format) de 1877 à 1879 — Saint-Denis (Réunion) ...... 40 fr.

14 **Victor Grenier** — La Course à la dot, comédie-proverbe en 2 actes, en vers — Saint-Denis — Typ. Grenier, 1878, 2 broch. petit in-8°. 2 fr.

15 **Flore poétique**, par J. Lebel : 1 brochure in-8° — 1875 — Saint-Denis .... 3 fr.

16 **Noëlla**, roman par G. Azéma, 1 vol. in-8°, Paris, Hachette, 1864... 3 fr.

17 **Victor Grenier** — *Les Moustiques*, collection de brochures : 1 vol. in-8°, relié, St-Denis, 1875 et 76. 7 fr. 50

18 **E. Monestier**, membre de la société des sciences et arts (Réunion) — **Yvonne**, nouvelles vagabondes, 1 vol. broché in-8°, de poésies et nouvelles — Paris, Dentu, 1879.. 5 fr.

19 **Bulletins** de la Société des sciences et arts de la Réunion de 1856 à 1883 : 27 vol. brochés, in-8°, sans interruption (les années 57 et 58, 59 et 60 n'ont pas été publiées) plus 1 brochure de règlement...... 91 fr. 50

20 **Louis Brunet** — *A Outrance*, poésies : 1 brochure in-8°, 1880 — *Ripaud de Montaudevert*, roman, scènes de la Révolution française à l'île Bourbon, — Versailles et Paris, 1880 — *L'abbé Dermont* — *Le dossier de la défense*, roman, 1 vol. in-8° — Paris, L. Cerf, 1883 — *Histoire de l'association des francs créoles*, 1 fort in-8°, 1885 — Drouhet fils — 483 pages (ensemble) .... 20 fr.

21 Victor Grenier — **Quatre brochures** in-8° sur les guildives, 1867
1868 — **La vérité** sur la question
des Boucheries à la Réunion, brochure in-8°, 1876 — **La fausse
alerte**, comédie en 1 acte et en vers
1 brochure in-8°, 1873 — **Héro et
Léandre**, poème imité du grec,
1877, 1 brochure petit in-8° — Ensemble .... 16 fr.

22 **Alfred Grandidier** (3 brochures) :

Notice historique sur l'île de Ceylan,
1 brochure in-8°, 1868 — Notice sur
l'île de Zanzibar, 1 brochure in-8°,
1868 — Notice sur Charles Coquerel,
1867.................... 6 fr.

23 ELIE PAJOT (3 brochures in-8°) —
Saint-Denis, Roussin :

Notice biographique sur le baron J. Desbassyns, 1867 — **Note**
sur la valeur des anciens biens cu-
riaux, 1869 — Quelques **notes** sur
les premières années d'E. Parny,
1870 .... 5 fr.

24 AUGUSTE VINSON — **Les serments
rompus**, comédie en 1 acte et en
vers. 1 brochure in-8°, 1868 — Roussin, Saint-Denis .... 2 fr. 50

25 **Charly de Laserve** (Poésies) :

Vir bonus— A Venise — A l'Italie —
La France et l'Isthme de Suez — La
France et son épée, 5 brochures in-8°,
1860-64— Paris et St-Denis. 2 fr. 50

26 J.-M. RAFFRAY — **Un fils naturel**
de Béranger à l'Ile Bourbon, 1 brochure in-8° (extrait du bulletin de la
société des sciences et arts) — Roussin, Saint-Denis, 1862..... 1 fr. 50

27 LOUIS MOREL — **Pervigilium Ve-
neris**, 1 brochure in-8°, 1866 —
Roussin — (extrait du bulletin de la
société des sciences et arts,) Saint-
Denis.................... 50 cent.

28 Eugène de Saint-Aignan et Hector
d'Essl. .... **Les fleurs de l'a-
mitié**, poésies, 1 brochure in-8° —
Saint-Denis, Damotte........ 3 fr.

29 **La Rivière** du Bernica et l'Etang de
Saint-Paul, par F. Lacaze : 1 brochure
in-8°, Saint-Denis (R), 1871.   2 fr. 50

30 Décadaire pour l'an IV de la République française à **l'Isle de la Réunion** (extrait des délibérations et
arrêtés de l'assemblée coloniale de
l'Isle de la Réunion), 10 décembre
1794 : 1 grande brochure in-4° —
Imprimerie coloniale de l'Isle de la
Réunion (très-rare)........ 20 fr.

31 **Essai** sur le génie du christianisme au
XIXᵉ siècle, dédié aux habitants de
l'île de la Réunion, par Ruyneau de
Saint-George, 1 fort vol. broché in-
8° — 1851 — Paris .... 6 fr.

32 **Athéisme et croyance**, par Emile
Toulorge, avec préface de M. G. Couturier et discours nécrologique par
MM. Morel, Voïart et Couturier, et
pièce de vers de Bénédict de Lacombe, avec portrait de l'auteur : 1
brochure in-4° lith. Saint-Denis, Roussin (rare), 1859 .... 7 fr. 50

33 **Discours** — lith. in-4° de M. de
Sèze, sur M. Eugène D. de Richemont, 1859.............. 2 fr. 50

34 **Inauguration** de l'Hôtel de Ville
de Saint-Denis (extrait du *Moniteur*
de la Réunion), discours etc. : 1 brochure in-8°, 1860.......... 2 fr.

35 **La Papauté**, selon la foi et la raison,
par A. Jugand, professeur de philo-
sophie à la Réunion : 1 brochure in-
8°, 1861................. 2 fr. 50

36 **Adresse** aux bons français, 1815, et
de la royauté selon les lois divines,
naturelles et la charte constitutionnelle, 1819, par Robinet de Laserve,
1 fort. vol. br. in-8°, 1863.   7 fr. 50

37 **Exposition** de 1864 de la société des
sciences et arts (p., sculp., etc.) :
1 brochure in-8° —St-Denis... 2 fr.

38 **Nécrologie** de M. Bonnin, ingénieur
en chef des Ponts et chaussées (extrait de la *Revue maritime et coloniale*, 1863,) 1 broch. in-8°.. . 1 fr.

39 **Souvenirs** de l'Inde (poème) :

Le Gange et Calcutta, avec une dédicace en vers à P. Crémazy, par P. Huyard, 1 broc. in-8°, St-Denis, 1866 — 2 fr. 50

40 **Courte réponse** à M. T. Lahuppe du 13 décembre 1865, par E. de Gaillande père, 1 p. broch. in-8°— 50 cent.

41 **Questions** naturelles par P. A. de Lanux : Tome 1ᵉʳ et unique : 1 brochure in-8° — Saint-Denis, 1867 — A la mémoire de F..G. B. de Lanux, naturaliste et astronome, à l'île de la Réunion................. 3 fr.

42 **Règlement** du cercle colonial de 1865 — Saint-Denis (Réunion) : 1 p. brochure in-12 .... 25 cent.

43 **Un premier paquet** de lettres adressées à M. A. Levigoureux, par M. Th. K/anval : 2 brochures in-12, 1872.................... 1 fr. 50

44 **Les Iles** Saint-Paul et Amsterdam, par Textor de Ravisy, capitaine d'infanterie de marine à la Réunion : 1 vol. broché in-8°, 1853 — Saint-Denis.................... 5 fr

45 **Supplément** au graduel et au Vespéral romain, publié par Monseigneur l'évêque de Saint-Denis : 1 brochure, lithog. in-8° — Saint-Denis — Roussin, 1851.................... 3 fr.

46 **Eloge funèbre** de Mⁱˢ de Beurnonville, par Thibault de Chanvalon, vénérable de la Loge de l'Orient, de Saint-Denis : 1 brochure in-8°, 1821 — Ile Bourbon .... 5 fr.

47 THOMY LAHUPPE — **Lettre** sur l'inauguration du Canal de Suez : 1 brochure in-8°— St-Denis, 1870—1 fr. 50

Notes sur l'Australie (inachevées), 244 pages : 1 vol. brochure in-8°, 1865 — Saint-Denis.................. 3 fr.

48 **Pensées et maximes** morales par un ouvrier carrossier infirme, à ses compatriotes de la Réunion, 1872 — — Annecy — 1 broc. in-12... 2 fr.

49 **Almanach** républicain, 1876, publié à Saint-Pierre, par le journal le *Travail* : 1 brochure in-8°....... 2 fr.

50 **Fantaisies** drôlatiques sur des questions blago-médicales, par Edouard Drouhet : 1 brochure in-8°, 1877 — Saint-Denis (Réunion)..... . 2 fr.

51 **Les saisons**, de Thompson, poème traduit en vers français, par Adolphe de Lahogue — Maurice, 1880—1 vol. in-8° broché................ 5 fr.

52 **La presse** devant les conseils de guerre à l'île de la Réunion, 1880 : 1 broch. in-12, par E. Le Roy. 1 fr.

53 **Compte-rendu** de la cérémonie funèbre en l'honneur d'Alexandre Laserve à la loge l'*Amitié* à Saint-Denis : 1 brochure in-8° — Saint-Denis, 1882............. ... 1 fr. 50

54 **Neuf brochures** du journal le *Sténographe* publié à l'île de la Réunion, 1880..................... 2 fr. 25

55 **Le Chemin de fer** de la Réunion, voyages et récits humouristiques, par J. Pagancel : 1 brochure in-8°, 1882 — Saint-Denis...... 50 cent.

56 **Souvenirs** (poésies) et discours sur l'art, par E. Magé : 1 brochure in-12 — Saint-Denis, 1879 .... 2 fr.

57 **Obsèques** de M. H. Delisle, ancien sénateur (articles et oraisons funèbres) : 1 brochure in-8° — Bordeaux 1881...................... 1 fr. 50

58 **Le conte** du Chat botté, en créole de l'île de la Réunion, par Emile Trouette 1 brochure in-8°, 1881... 50 cent.

59 **De l'instruction primaire** à l'île de la Réunion, par C. Jacob de Cordemoy : 1 brochure in-8°, 1884 — Saint-Denis (Réunion).... 1 fr. 50

60 **Huit jours** à Ceylan, par M. X... L. M. 1 brochure in-8°, 1884 — Saint-Denis (Réunion)........... 1 fr. 50

61 *La Semaine*, journal illustré de l'île de la Réunion, de janvier à décembre 1862 : 1 fort vol. relié grand in-folio — Saint-Denis (Réunion) — Roussin, imprimeur......... ... 15 fr.

62 *L'Enfant terrible*, 2 vol. reliés, in-4° de septembre 1880 à décembre 1883 (journal charivarique et littéraire, par V. Grenier) — Saint-Denis (Réunion) .... 15 fr.

63 **Maurice-Théâtre — Saint-Denis-Théâtre et l'Artiste** : 3 journaux de Théâtre illustrés avec photographies des artistes, 1878 et 1883 en 1 vol. in-4°............ 7 fr. 50

64 **La caisse** d'immigration et la culture sucrière à la Réunion (suppléments au journal le *Travail* du 8 juin 1878 au 31 juillet 1878, du numéro 46 au numéro 61, 16 numéros).. 4 fr.

65 **Statuts** de la caisse mutuelle des assurances coloniales, grand in-folio : brochure 1862.............. 2 fr.

66 **Album** de 12 images comparatives ; scènes et types de la Réunion, Maurice et Madagascar, in-4° (2 livraisons par Roussin — Réunion. 5 fr.

67 **Six numéros** de la première année de la *Liberté coloniale* de 1877 — Journal, organe des colonies, 16 pages de texte, le numéro .... 3 fr.

68 **Extrait** du Bulletin de la Société des sciences et arts de la Réunion de 1863 — **Une venette**, épisode de la vie de négrier, par S. Crémazy—50 c.

69 **Meïs Repugnos**, poésies en vers provençaux, 1863 — Lou cachet de la Reine, poème provençal, 1854 — Le capitaine Katoufa, par un homme du métier, 1873 : 3 brochures, par S. C. — Saint-Denis (Réunion)..... 5 fr.

70 **Adieux** sur la tombe de M. Le Coat de K/véguen, mars 1860 — Paris, par G. Imhaus — **Discours** sur la tombe de M. Baret — Saint-Denis, mars 1865, par le même — **Banquet** du 30 avril 1865, offert à M. G. Imhaus à Saint-Denis (hôtel d'Europe)— 3 broch. in-8°.... 4 fr. 50

71 **Troubles** du Lycée impérial, mai 1866 (extraits des journaux de la Réunion): 1 gr. broch. in-4°— 2 fr. 50

72 **Procès** en diffamation — Drouhet contre Pierre Alype : 1 grande brochure in-4°, Paris, 1883 .... 10 fr.

73 **Souvenirs d'Enfance** — Le Collége, par Louis Morel, poème : 1 brochure in-8° — Saint-Denis (Réunion), 1872 .... 1 fr.

74 **Cours** de synthèse générale des connaissances humaines, professé à l'île Bourbon par le docteur Louis Lacaille : 1 broc. in-8°, 1872.. 1 fr. 50

75 **Prospectus** du Whittington Life Company à la Réunion — C. Dubois — 1 brochure in-8°, Saint-Denis — 50 cent

76 **Six brochures** in-8° (extraites du Bulletin de la société des sciences et arts de la Réunion :

1° Du goût des arts à la Réunion, par B. Jacob — 2° Des rapports entre Voltaire et Rousseau, par B. Duffour — 3° Du rôle de l'habitude dans la vie, par J. E. Bon — 4° De l'activité intellectuelle et morale au XIX° siècle, par J. E. Bon — 5° De l'amour de la campagne dans les poètes, par C. Aubry — 6° Du théâtre au point de vue moral, par C. Aubry — Saint-Denis (Réunion), 1867-68-69.. 6 fr.

77 PASCAL CRÉMAZY : **Six brochures** in-12 :

A propos des marines, 1865, 1 in-8° — Discours prononcé au théâtre, 17 février 1871 — Aperçus sur Madagascar, 1883 — Notice bibliographique sur Madagascar, 1884 — Recherches sur les droits actuels de la Commune de Saint-Pierre (un ami du Port), 1884 — Mémoire au sénateur et aux députés de l'île de la Réunion sur les pas géométriques, 1884 — Saint-Denis (Réunion).... 7 fr. 50

78 **Fêtes de Suez**, à M. de Lesseps, poésie, par B. de Lacombe, novembre 1869............... 50 cent.

79 **Règlement** de la corporation des avoués de Saint-Denis du 20 mai 1867 : 1 brochure in-8°... 50 cent.

80 **La Caricature** (11 numéros), journal charivarique de mai à août 1872 publié à St-Denis (Réunion) 5 fr. 50

81 **Succession** J. de Rontaunay — Compte-rendu des liquidateurs au 31 janvier 1865 : 1 broch. in-8°.... 2 fr.

82 **La Foncière**, Compagnie anonyme d'assurances sur la vie — Recueil de tarifs — 1 broch. in-12.. 50 cent.

83 **Carte** d'ouragan pour l'hémisphère austral, dressée par Rolland, commissaire adjoint de la marine — Saint-Denis, 1871 — Plan de l'hélicorythe, par Rolland, inventeur ... 50 cent.

84 **Réponse** à l'enquête de Mafatte faite par M. Milhet, 1 brochure in-12, par Jean de Belly, 1878 .... 1 fr.

85 **Guide** du voyageur en chemin de fer à la Réunion, avec carte de l'île — Saint-Denis — 1 brochure in-18, 1882.................... 75 cent.

86 **Les suites** d'une relation de voyage par Edouard Wilmant, 7 pages in-4° 1875 — Saint-Denis......... 1 fr.

87 **La première idole**, drame en 4 actes et en vers, par M. de Feuardent, sous-inspecteur des douanes à la Réunion — Paris, Dentu, 1874 . 2 fr.

88 **L'Union urbaine** — Projet d'une société civile pour achats et reventes d'immeubles à Saint-Denis — Circulaire 4 p. in-4°, par Franco— 25 cent.

89 **Prospectus** pour la création à la Réunion d'une société anonyme d'immigration, par MM. A. Bellier, Buroleau, Le Roy et Grenard. 1 feuille in-4°, 1879............. 25 cent.

90 **Profession** de foi du docteur A. Vinson aux élections sénatoriales de 1882, 1 grande feuille (trois colonnes)................... 25 cent.

91 **Prospectus** des statuts de l'œuvre des Crèches de Saint-Denis — mai 1884— 1 feuille 4 p. in-4°. 25 cent.

92 Pièces précieuses — Autographes et imprimés divers :

1° **Extrait** de l'histoire de l'Académie des inscriptions et belles lettres, 1729, 7 pages grand in-8°, sur ce sujet « que les anciens ont fait le tour de l'Afrique et qu'ils en connaissaient les côtes méridionales. » — 2° **Lettres** patentes du roi sur les billets de caisse et autres effets de la compagnie des Indes, circulant dans les isles de France et de Bourbon — Versailles, 25 janvier 1767 — (extrait des registres au parlement), 6 p. in-8° — 3° **Mémoire** pour le sieur Muguet de Limas, habitant de l'isle de France, 1769 (extrait du bureau des cassations), 40 p. grand in-8° — 4° **Arrest** du Conseil d'état du Roi, réglant le payement des lettres de change provenant des isles de France et de Bourbon, tirées de janvier 1760 à juin même année, 14 mars 1761, 11 p. in-8° — 5° **Arrest** du Conseil d'état du Roi sur les sucres raffinés en pains, en poudre ou candi provenant des isles de France et de Bourbon, 5 avril, 1775, 3 p. in-8° — 6° **Ordonnance** du Roi portant réunion des 2 compagnies de can. bombardiers de l'Inde aux 3 compagnies de c. bombardiers de l'Isle de France, 3 mars 1781, 11 p. in-8° — 7° **Arrest** du Conseil d'état du Roi sur une requête en opposition d'un sieur Ailhaud, se disant Procureur général du C. supérieur de l'Isle de France, 30 août, 1782, 4 p. in-8° — 8° **Lettres** patentes du Roi, en forme d'édit sur les anoblissements dans les colonies françaises et les preuves de noblesse à faire dans le royaume pour les habitants des dites colonies, 24 août 1782, 7 p. in-8° — 9° **Arrêt** du Conseil d'Etat du Roi, réglant le paiement des récépissés de papier-monnaie des isles de France et de Bourbon, 8 août 1784, 4 p. in-8° — 10° **Autographe** du 7 février 1787 de François vicomte de Souillac, chef d'escadre, gouverneur général des isles de France et de Bourbon. « Des affaires importantes exigeant le retour en France de M. Boutin, capitaine de cavalerie, employé auprès de nous en qualité d'aide de camp, il lui est permis de s'absenter de cette colonie et d'aller en France, vaquer à ses dites affaires ; à l'isle de France, enregistré » — 11° **Arrêt** du Conseil d'état du Roi qui permet l'admission en franchise des bâtiments étrangers au Port-Louis, en l'isle de France, 27 mai 1787, 4 p. in-8° — 12° **Edit** du Roi, portant création de six millions de papier-monnaie pour les isles de France et de Bourbon, 10 juin 1788, avec 8 modèles des billets 10 p. in-8° — 13° **La colonie** de l'isle de France à l'Assemblée nationale : 8 p. de texte in-8°, 1793 ; Signé : Oury, *président.*

Létimie, *secrétaire* (signatures autographes).

Ensemble .... **52 fr.**

92 **Treize thèses de droit** soutenues par divers créoles de la Réunion :

1°	J.-B. K/anval-Aimé,	Paris,	1858
2°	Dufour Brunet,	—	1860
3°	L.-P. Sers,	—.	1860
4°	P. Crémazy.	—	1860
5°	F. Laurent Crémazy,	—	1861
6°	C. Julienne	—	1861
7°	Léon Morel,	—	1864
8°	Emart Alexis,	—	1865
9°	Edouard Le Roy,	—	1867
10°	C. Champon,	—	1873
11°	Léopold Dor,	Aix,	1879
12°	G. de St-Perne,	Toulouse,	1877
13°	D. Gamin,	Aix,	1878

93 Le Séga (**Trois jours, trois nuits**) chansonnette créole, par Célimène, 5 couplets avec musique..... 5 fr.

94 **Musique** de compositeurs créoles ou compositions musicales faites à la Réunion :

1° J. BARRÈS. — Echos du Bernica : Polka créole — Le bananier, grande valse — La famille Deuze : souvenir de l'île Bourbon.

2° CÉLIMÈNE. — Séga : 3 jours, 3 nuits : (chansonnette créole.)

3° F. CUDENET de Saint-Pierre. — Dodo l'enfant do! fantaisie polka pour piano — La feuille flétrie d'Elisa Mercœur, Romanée : chant et piano — Folie : valse pour piano — Mlle Amélie : polka pour bébé — Sourire et larme : mazurka — M'a Zabeth, quadrille pour piano.

4° C. DIDON. — Retraite autrichienne — Polka du jardin Mabille.

5° H. GHYS. — Air du roi ; Louis XIII transcrit pour piano.

6° F. LEGRAS. — Nounoutte : air créole.

7° A. MANÈS. — Le Boucan ; paroles et musique de l'auteur, pour piano.

8° MAZÉRIEUX. — Quadrille à 4 mains sur motifs du *Caïd.*

9° FERDINAND MERSANNE. — Les élections, quadrille brillant — à Tamatave chant des volontaires créoles — Poésie de P. Crémazy, musique de Mersanne.

10° JOSÉ CREUS. — à Tamatave : même chant — musique de José Creus.

11° A. PÉVÉRELLY. — Le bobre : souvenir de Cilaos — Segas arrangés — Le kavir : 2° suite de ségas.

45 f. 50

95 L. HÉRY. — Fables créoles, exquisses africaines, nouvelle édition — 1 grand in-8° — broché — 1883...... 5 fr.

96 *Journal Officiel* de l'île de la Réunion de 1862 à 1884 — 23 vol. in-f° reliés.................... 575 fr.

CATALOGUE GÉNÉRAL

SUR

MADAGASCAR

1 **Histoire** de la grande Isle de Madagascar par le sieur de Flacourt—grand in-4° un vol, relié— Paris— F. Clouzier — édition de 1661 bien conservée avec planches (rare) 50 fr.

2 **Relation** du 1ᵉʳ voyage de la Compagnie des Indes orientales à Madagascar ou Dauphine— 1 in-12° relié— Souchu de Rennefort— Paris— Audouin— 1668............ 20 fr.

3 **Voyage** de Madagascar connu sous le nom, de l'Isle de Saint-Laurent par Carpeau de Soussaye — 1 vol.. relié — in-12°—Paris—J. Luc-Nyon — 1722................. 20 fr,

4 **Voyage** aux Indes orientales et à la Chine, de 1774 à 1781, par Sonnerat— 3 vol. grand in-8° relié avec planches et cartes — Paris — Nyon — 1782... .... 30 fr.

5 **Voyages** et mémoires de M. A. Comte de Renyowsky— 2 vol.— in-8° reliés— Paris— 1791— Buisson (rare.)........................ 25 fr.

6 **Voyage** à Madagascar et aux Comores, 1823 à 1830, par Leguével de Lacombe, avec atlas de vues et cartes — 2 tomes en 1 volume relié, sur tranches — Paris — Dessessart — 1840..................... 20 fr.

7 **Précis** sur les établissements français à Madagascar—imprimé—par ordre A. Duperré 1836 — Paris — 1 brochure in-8°.... .... 5 fr.

8 **Histoire** de l'établissement français de Madagascar, par L. Carayon : 1 vol. broché in-8° — Paris, Gide, 1845 .... 7 fr. 50

9 **Colonisation** de Madagascar, par M. Laverdant— 1 vol. broché in-4°— Paris— Amyot— 1844....... 6 fr.

10 **A narrative** of the persécutions of the christians in Madagascar by— Freeman and johns— 1 vol. in-8° relié — London— J. Snow— 1840. 6 fr.

11 **Histoire** et géographie de Madagascar par Mᵉ Descartes— 1 fort in-8ʳ broché— Paris— P. Bertrand— 1846 .... 7 fr. 50

12 **Aperçus** législatifs sur la colonisation pénitentiaire par C. O. Barbaroux, ancien· procureur général à l'île Bourbon— 1 grand in-8° relié — Paris — F. Didot frères, 1857.. 15 fr.

13 **Voyage** à Madagascar au couronnement de Radama II, par A. Vinson, 1 grand in-4° relié avec planches, etc. — Paris, librairie Roret, 1865—40 fr.

14 **Trois mois** des éjour à Madagascar, par le capitaine Dupré, publication de la compagnie de Madagascar : 1 vol. in-8°, relié — Paris — Hachette, 1863...................... 5 fr.

15 **Connaissance** de Madagascar, par le docteur L. Lacaille : 1 vol. grand in-8°, broché, — Paris, — Dentu, 1862...................... 5 fr.

16 **Madagascar** — Possession française depuis 1642 par Barbié du Bocage, avec grande carte de Malte-Brun. — Paris, A. Bertrand, 1858.... 12 fr·

17 **Documents** sur l'histoire, la géographie et le commerce de la côte occidentale de Madagascar : 1 grand in-8° broché, par Guillain — Paris — 1845........... .... 10 fr.

18 **Documents** sur la Compagnie de Madagascar, publiés par le baron de Richemont : 1 grand in-3° broché — Paris, Challamel, 1867...... 10 fr.

19 **Voyage** à Madagascar, par Ida Pfeiffer (traduit de l'Allemand par Riaux) : 1 vol. broché in-8° — Paris, Hachete, 1862...................... 5 fr.

20 **Un voyage** à Madagascar (Brossard de Corbigny, capitaine de vaisseau— dans les 2 livres de la Revue maritime de juillet et août 1862) : vol. relié in-8° ;

21 **Les richesses** naturelles de Madagascar, par L. Simonin (même revue) —août 1862, — même volume — relié..................... 7 fr. 50

22 **Madagascar** et ses 2 premiers évêques, par Mgr René Maupoint, évêque ·de Saint-Denis : 2 vol. brochés in-12— Paris ; Dillet, libraire. 5 fr

23 **Essai** sur les Comores, par A. Gevrey 1 vol. grand in-8° — Pondichéry — 1870 .... 12 fr. 50

24 **L'île Bourbon, l'île de France Madagascar**, par le docteur H Lacaze : 1 vol. in-8° broché — Paris A. Parent, 1880........... 6 fr

25 **Souvenirs** de Madagascar, par le docteur H. Lacaze : 1 vol. broché grand in-8° — Paris — Berger-Levrault, 1881..................... 6 fr

26 **Bibliothèque** historique et littéraire — Jomby-Soudy — Scènes et récits des iles Comores, par le R. P. Langlois : 1 vol. broché in-12 — Paris, Albanel, 1872........ 3 fr.

27 **Occupation** de Madagascar par la France — Rapport fait en 1833, par Achille Bédier : 1 grande brochure in-4° — Saint-Denis (Réunion), Delval, 1882............... 2 fr. 50

28 **Notes** sur les établissements de MM. Delastelle et de Rontaunay, à Madagascar : grande brochure in-4° — Paris, 1861............... 5 fr.

29 **Adresse** du Conseil colonial de Bourbon en 1847 sur la question de Madagascar : 1 brochure in-8° — Saint-Denis (Réunion) — T. Drouhet fils, 1884..................... 2 fr.

30 **Histoire** et géographie de Madagascar, par Henry Descamps (M. Descartes) — Nouvelle édition — carte de Grandidier : grand vol. in-8° broché F. Didot et Cⁱ — Paris, 1884. 10 fr.

31 **Histoire** de Madagascar, ses habitants et missionnaires par R. P. de la Vaissière : 2 grands vol. in-8° brochés — Paris — Lecoffre, 1884. 12 fr. 50

32 **L'île de la Réunion et Madagascar** — La question de Madagascar : in-8°, 2 brochures, 1861-1863 —
Paris, par L. Crémazy, — P. Malassis
et Dentu.................. 4 fr·

33 **Résumé** du rapport de M. Guillemin
sur le bassin houiller du N. O. de
Madagascar (extrait de l'ouvrage de
M. J. Duval, de la politique coloniale
de la France) 1 broch. in-8°— 1 fr.50

34 **Mémoires** scientifiques de F. Pollen,
voyageur à Madagascar : 1 brochure
in-8° — Roussin — Saint-Denis (Réunion), 1866................ 2 fr.

35 **Description** de 2 oiseaux nouveaux
pour les faunes de Madagascar.....
par Jules Verreaux : 1 brochure, 1866,
in-8° (extrait du magasin de Zoolo-
gie) .... 50 fr.

36 **Napoléon III** et Madagascar, par G.
Azéma, de la Réunion : 1 brochure
in-8° — Saint-Denis (Réunion), —
1861................... 2 fr. 50

37 **Madagascar** (poème), par Saint-
Amand, de l'île Bourbon : 1 brochure in-12 — Saint-Denis (Réunion) —
1857 — Biarrotte.......... 1 fr.

88 **Madagascar** — Une excursion dans
la région australe, par Alfred Grandidier : 1 brochure in-8° 1868 —
St-Denis (Réunion), Roussin.. 2 fr.

39 **Madagascar** par A. Grandidier : 1
brochure in-8° avec carte (extrait du
Bulletin de la société de géographie
— Paris — Martinet, 1871 .. 2 fr. 50

40 **Population** de Madagascar, origines,
coutumes, mœurs : par le Dʳ Lacaze
— 1 broch.— in-8°. (Extrait du bulletin de la société des sciences et arts de
la Réunion (Saint-Denis) — Roussin
1869................. 1 fr. 50

41 **Rapports** de la France avec Madagascar, article de la revue des 2 mondes d'Henri Galos— octobre 1863—
Copie manuscrite : in-8°.. 2 fr. 50

42 **La mission** de Madagascar : Souvenirs d'un voyage dans l'Océan Indien
par L. Simonin, Revue des deux
mondes du 15 avril 1864— copie
manuscrite— in-8°..... 2 fr. 50

43 **Notes** sur Madagascar par A. Le Roy,
une forte brochure in-8°— Saint-
Denis (Réunion), Lahuppe ff. — 1884
.... 5 fr.

44 **Aperçus** sur Madagascar par Pascal Crémazy : 1 brochure in-12,
1884— Saint-Denis— T. Drouhet
fils.................. 1 fr. 50.

45 **Notice** sur l'île de Nossi-Bé, par C.
Lanaud : 6 articles dans 6 numé-
ros du *Journal du Commerce* d'a-
vril et mai 1878 (collection des 6
numéros)................ 6 fr.

46 **Liste** des voyageurs qui ont fait des
excursions dans l'intérieur de Madagascar, de l'origine jusqu'à nos jours
— Typ. Drouhet fils — Saint-Denis,
(Réunion), 1883............ 1 fr.

47 **Notes** sur Madagascar par Laurent
Crémazy : 4 articles de la *Revue maritime et coloniale*, octobre 1882,
mars 1883, février et avril 1884 10 fr.

48 **Discours** de M. C. Dureau de Vaulcomte, du 27 mars 1884, prononcé à
la Chambre des députés sur les affaires de Madagascar : 1 brochure
in-8°, 40 pages.......... 1 fr. 50

49 **Excursion** à Madagascar par Désiré
Charnay (bulletin de la Société de
géographie de juin 1864).... 2 fr.

50 **Voyage** à Madagascar par Macquarie :
1 vol. in-8° broché — Paris — Dentu,
1884 .... 5 fr.

51 **Angèle** — Roman sur Bourbon et
Madagascar par Pierre Chateaugay :
1 vol. broché in-8° — Paris — L.
Cerf, 1884 .... 3 fr. 50

52 **Avenir** de Madagascar, par Crémazy (numéros de la Revue du monde colonial du 25 décembre 1861 et septembre 1862) .... 3 fr.

53 **Madagascar** — 2 correspondances insérées dans les 2 numéros de la Revue du monde colonial de juillet et août 1863, par Crémazy... 3 fr.

54 **Notice** bibliographique sur Madagascar, par Pascal Crémazy : 1 broch. in-8° — Saint-Denis, 1884.... 2 fr.

55 **Essai** sur la topographie de Nossi-Bé, par le docteur Herland (extrait de la Revue coloniale d'avril 1856). 2 fr.

56 **La France** à Madagascar et Tamatave, par Ch. Tarby — 2 pièces de poésie, mai et juin 1883 — 1/2 feuille in-4°.............. 50 cent.

57 **Madagascar** par Louis Pauliat : 1 brochure in-8° (extrait de la Nouvelle Revue) C. Levy, 1884..... 3 fr. 50

58 **Nossi-Bé** par Léonce Detcheverry : 1 broch. in-4° — Paris, 1881. 3 fr. 50

59 **Chambre des députés** — Rapport sur les évènements de Madagascar, par de Lanessan, 1884 : 1 grande brochure in-4°................. 3 fr.

60 **Notes** sur Madagascar en 2 parties — 2 brochures, grand in-8°, par Laurent Crémazy, 1884....... 3 fr. 50

61 **La France** orientale, Madagascar, par Laillet, 1884 : 1 vol. broché, illustré................. 5 fr.

62 **Vingt ans** à Madagascar d'après les notes du P. Abinal, par P. de la Vaissière, S. J. : 1 in-8°, 1885 — Paris — Lecoffre.......... 5 fr.

63 **Les Pays lointains** — Notes de voyage : Maurice, Aden, Madagascar, par L. Simonin — 1 vol. broché, in-8°, 1867 .... 5 fr.

64 **Carte** de l'île de Madagascar, par C. Lanaud, sur l'esquisse de Grandidier, 1871 et sur les notes du R. P. Roblet, 1869 — 94 cent. de long sur 60 de large — 1883.......... 7 fr. 50

65 **Nos droits sur Madagascar et nos griefs contre les Hovas,** par R. Saillens — 1 vol. broché in-8°, 1885 — Paris, Monnerat.. 5 fr.

Imp. Th. Drouhet Fils.

SUPPLÉMENT

AU CATALOGUE GÉNÉRAL

DE LA

BIBLIOTHÈQUE COLONIALE

DE

M. PASCAL CRÉMAZY

Avocat, Conseiller Général

1886 — 1887 — 1888

SAINT-DENIS (RÉUNION)

Typographie GASTON LAHUPPE et Cie

48 — Rue de l'Eglise — 48

SUPPLÉMENT

AU CATALOGUE GÉNÉRAL

DE LA

BIBLIOTHÈQUE COLONIALE

DE

M. PASCAL CRÉMAZY

Avocat, Conseiller Général

1886 — 1887 — 1888

SAINT-DENIS (RÉUNION)

Typographie Gaston Lahuppe et Cie

48 — Rue de l'Eglise — 48

A. — 1ʳᵉ PARTIE

Colonies en général et Colonies françaises

1 **Chambre des députés** : 3 rapports brochés 2,012, 3,267, 3,597, sur la création d'une armée coloniale, par le baron Reille 1883-84-85 — 3 brochures in-4°.

2 **Chambre des députés** : 1 rapport 3887, sur le service colonial et la Caisse des Invalides de la marine, par M. de Lanessan : 1 brochure in-4°, 1885.

3 **27 Brochures** de 1885 à 1888 de la Société des Etudes coloniales et maritimes, de Paris.

4 **Notices** statistiques sur les colonies françaises, publiées en 1883 par le Ministre de la marine et des colonies, 1 forte b., in-8°, B. Levrault et C° (Paris), 1883.

5 **Charles Cerisier** : Notes sur les colonies et les colonies françaises ; 2 brochures grand in 4°, dont une lithographiée, 1885.

6 **La Ramie** : Note sur sa culture par Favier-d'Avignon, 1884, 1 brochure, in-12.

7 **Rapport** de la Commission de Surveillance des banques coloniales au Président de la République pour 1883 et 1884, 1 grande brochure, 1-4°.

8 **L'Octroi** de mer aux colonies par Baudoin, Procureur général près la Cour de Cassation, 1885, grand in-8°.

9 **France et colonies françaises** : Une révolution industrielle, 1 brochure, in-8°, 8 pages, 1885.

10 **Colonies** par M. D. de la Bâtie (extrait de l'encyclopédie de la 3ᵉ édition du XIXᵉ siècle), 1 brochure, in-4°, 1866.

11 **Ministère** de la marine et des colonies ; Loi sur les sucres : 1 br. in-12 — 1884.

12 2 br. in-8° — *Société de géographie*, 1883 — Une notice ; — l'autre, — liste des membres en 1882.

13 **Pondichéry** — Discours de rentrée par M. D. Brunet, procureur général, 1885 — 1 br. in-8°.

14 **Lapeyrère** (pharmacien de 1ʳᵉ classe de la marine) *Du traitement des vesous* — 1 br. in-8°, 1885.

15 **Voyage** et aventures de François Leguat et de ses compagnons en 2 îles désertes des *Indes Orientales* — 2 vol. in-12, reliés, Londres — 1708, avec cartes et figures — rare.

16 **Statistique** de l'Ile Maurice et de ses dépendances par le baron d'Unienville — 3 grands vol. in-8°, avec portrait phothographié de l'auteur — Réédition en 1885 de l'ancien ouvrage.

17 **C. Baissac** — Récits créoles — 1 volume relié in-12, 1884 — Paris, Oudin et C°.

18 **Voyage** de découvertes aux terres australes — 4 vol. reliés in-8°, 1824, par Féron et de Freycinet.

19 **Mémoire** pour le sieur de *La Bourdonnais* avec pièces justificatives, 1 grand et fort in-4°, 1750 — Imprimerie Delaguette — Paris — rare.

20 **Neuf numéros** de la *Revue Coloniale* de : novembre 1850, juillet 1851, août 1852, août 1853, novembre 1855, décembre 1855, février 1856, mars 1856, avril 1856, juillet 1856, avril 1857 (Paris), Paul Dupont, imprimeur-libraire.

21 **Gabriel Charmes** : Politique extérieure et coloniale — 1 vol. in-12, C. Lévy — Paris — 1885.

22 **Voyage** des Indes orientales, *par Carré* — 2 tomes en 1 volume in-12 relié (Paris) 1699 — rare.

23 **De la colonisation** chez les Peuples modernes par P. Le Roy — Beaulieu — 1 grand in-8° broché 1886 (Librairie Guillaumin et C°).

24 **V. Schœlcher** : Polémique coloniale — 2 tomes en 1 vol. — relié, de 1871 à 1885 — 1 vol. grand in-8° — 1886 — (Dentu, libraire).

25 **V. Schœlcher** : Œuvres coloniales diverses de 1873 à 1885 — 1 vol. relié in-8°, contenant 5 brochures réunies.

26 **Chambre** d'agriculture (l'Industrie sucrière à la Guadeloupe), 1 br. in-12 — 1886.

27 **Annales** du sauvetage maritime — 5 fascicules jusqu'y compris le tome de 1886 — 5 brochures in-8° — Société centrale de sauvetage des naufragés.

28 **Les Iles-Sœurs** — 1 br. 1886, in-8°, par R. Crosnier — Port-Louis (Maurice).

29 **La Liberté coloniale** — 9 numéros de ce journal hebdomadaire, de janvier à mars 1878, publié à Meaux.

30 **Lapeyrère** — Contribution à l'étude sur l'économie coloniale — Industrie sucrière — 1 br. in-8° Drouhet et Lahuppe (Saint-Denis), 1886.

31 **Emancipation des esclaves** — 5 brochures par H. Jollivet, député de la Martinique de 1844 à 1848 — in-8°, Paris.

32 1° **Emancipation des esclaves** — 1 br. 1835 in-8°, par De Cools, délégué de la Martinique, De Zabrun, délégué de la Guadeloupe, S. Brunet et Conil, délégués de Bourbon et Favard, délégué de la Guyane française.

33 2° **Affranchissement des esclaves** dans les colonies françaises par A. de la Charière — 1 forte brochure 1836, in-8°, 140 p.

34 3° **Observations** du conseil des colonies sur le projet de loi présenté aux députés, en avril 1841 — 1 br. in-8°, 16 p., 1841.

35° 4° **2° Lettre** à M. de Broglie, sur l'émancipation des noirs, par Petit de Barancourt, professeur d'histoire au collège de Bourbon, 1843 — 1 br. in-8°.

36 5° **Pétition** des colons de Bourbon, à la Chambre des pairs, avec 55 signatures d'habitants de l'Ile Bourbon, par C. Féry, mai 1847, 1 brochure 8 pages, in-8°.

37 **Question des sucres** : 10 brochures diverses.
1° Le sucre de cannes et le sucre de betteraves, 1 brochure 1835, sans nom d'auteur in-8°, 67 pages (Le Chevalier).

38° 2° **Lettre** au ministre des finances, par le baron de Cools, délégué de la Martinique, sur la question des sucres, 1 brochure in-4°, 1835.

39 3° **Lettre** des délégués des colonies françaises à la Chambre des députés, 1 brochure in-4° 1840 — même question, 19 p.

40 4° **Question des sucres** par A. Jollivet, député, délégué de la Martinique — 1 brochure in-8° 1851 — 135 pages

41 5° **Même question** par A. Jollivet; Du travail libre et du travail forcé, — 1 brochure 1844, in-8° 27 pages.

42 6° **Les colonies françaises** et le sucre de betterave, par Adolphe Guéroult, 1 brochure 1842, in-8° — 136 pages.

43 7° **La vérité des faits** sur les cultures des colonies et de la Métropole, par le baron C. Dupin, 1842, 1 brochure in-8°, 52 pages.

44 8° **Vérités importantes** sur la question des sucres, par un membre de la Société maritime de Paris, 1843, 1 brochure in 8°, 39 pages.

45 9° **Discours** de M. Jollivet, député, sur la loi des sucres, 1843, 1 brochure in-8°, 46 pages.

46 10° **Mémoire** du Conseil des colonies sur le projet de loi pour l'impôt sur le sucre indigène, 1845, 1 brochure in-8°, 32 pages.

47 **Biographie** du général Decaen, par E. Gauthier, 1850, 1 brochure in-8°, Caen et Paris — rare.

48 **Les questions du jour.** Des colonies et de l'Afrique centrale, par Coffin, 1 grande brochure in-8°, 1879, Paris -- Delagrave.

49 **Discours** au Sénat de M. M. Fontarabie, du 23 novembre 1886, sur l'ouverture de crédit pour l'introduction de travailleurs aux colonies ; 1 brochure in-12, bulletin de la Société française de colonisation — Paris, 16 pages.

50 **La laïcisation** des écoles publiques devant le Conseil général, brochure in-4° sur cette question, discutée au Conseil, les 1er et 2 février 1887.

51 **La France d'outre-mer**, menacée par l'Angleterre, par N. de Buffon, 1 brochure in-18 — Paris 1885.

52 **Notice** sur la *Nouvelle Calédonie*, in-12 par Gustave Gallet — 1 brochure — Nouméa 1885.

53 **La vérité** sur l'affaire de Sir John Pope Hennesy, par W. Newton, avocat — Préface d'A. Gaud, 1 brochure in-18, 87 pages — Port-Louis, Maurice, 1887.

54 **30 numéros** de la *Revue coloniale*, de Mars 1850 à Mai 1857 (contenant divers articles sur les colonies françaises et sur l'île de la Réunion) — Paris, Libr. et Imp. administrat. Paul Dupont, in 8°.

55 **Les fonctionnaires des colonies** — En avant ! par un voyageur — 1 brochure in-4° 1884 — Paris.

56 **La canne à sucre** par Delteil, pharmacien, 1 brochure grand in-8° 118 pages — Paris, 1885.

57 **18° Recueil relié** des *Lettres édifiantes et curieuses* des missionnaires. 1 vol. in-12. 1726 — rare.

58 **Louis de Backer.** L'Archipel Indien — origines, langues, littérature : Paris, 1874, 1 brochure in-8°.

59 **Boissy d'Anglas** — Rapport et projets d'articles constitutionnels relatifs aux colonies — 17 Thermidor an III. 1 brochure, 10 pages, in-8°.

60 **Des Devizes du Désert.** L'Angleterre et son régime commercial, 1 brochure in-8°, — 1882, Rouen.

61 **B. du Désert.** Le mouvement colonial, Caën — 1 brochure in-8° — 1884.

62 **Baron C. Dupin.** Essais sur les progrès de la marine et des colonies, Paris, 1 brochure in-8°, 1834.

63 **La Nouvelle-Calédonie.** Aperçu général sur cette Colonie française en 1884 — 1 brochure in-12, 37 pages — 1885.

64 **Raoul Postel.** La marine et les grands marins français — 1 grand ouvrage broché, in-4°, Paris, 1887.

65 **Vte. de Bizemont**. Les grandes entreprises géographiques.— 2 vol. reliés in-8°, avec cartes chromo-lithographiées, Paris, Hachette et Cie.

66 **De Mahy**. Discours sur le budget de de la marine et des colonies, février 1888, 1 brochure in-18.

67 **De Mahy**. Rapport au nom de la Commission du budget, sur l'exercice 1879, pour le service colonial et pénitentiaire, broch. in-f°, 54 p. 1878.

68 **Projet de loi** voté par le Sénat pour l'application de l'art. 408 du C. pénal aux emprunteurs du Crédit foncier colonial, session 1876, 1 feuille in-4°, 4 pages.

69 **Numéro** de la Revue française des colonies et Exploration (Gazette géographique du 15 avril 1888 — Tome VII, 13e année.)

70 **E. Lenoël**. Rapport au Sénat sur le service militaire obligatoire à la Martinique, la Guadeloupe, la Réunion et la Guyanne. 1 broch. in-4° 65 pages, 1884.

71 **Paul Gaffarel**. Les explorations françaises depuis 1870. — 1 grand vol. broché in-8°, avec gravures et cartes géographiques, Paris, 1884.

72 **Revue historique et littéraire de l'île Maurice**. Publication hebdomadaire, grand in-8° faite à Port-Louis. — Tous les numéros parus depuis le 1er, du 16 juin 1887. En liasse.

B. — 2ᵐᵉ PARTIE

Divers ouvrages relatifs directement ou indirectement à la Réunion

1 **Mémoire** sur la météorologie de l'Ile Bourbon, par G. Des Molières — Ile Bourbon, Imprimerie Lahuppe, 1844, 1 brochure in-8°.

2 **Rapport** présenté au Conseil général de la Réunion, en février 1855, par le gouverneur H. Delisle, sur le sénatus-consulte du 3 mai 1854 ; 1 grande brochure in-8°, 28 pages.

3 « **Bourbon** » with a slight account of its minerals waters by Furnelle—Esquire. Madras 1859. 1 brochure in-8° en anglais, 76 pages.

4 **Conseil général** de la Réunion, session de 1867. Discours du contre-amiral Dupré et 4 rapports du Directeur de l'intérieur de Lagrange, 1 brochure in-12, 38 pages.

5 **Ravine** du Boucan-Launay à Saint-Denis. (Relevé des prises d'eau concédées et règlement de leur usage), 1 brochure in-12, 16 pages, Saint-Denis, 1869.

6 **Liste** des capacités (Note transmise par dépêche du 14 août 1869), 1 pancarte, 3 pages, 1869.

7 **Les Euphorbes** à l'Ile de la Réunion, par Emile Vinson, 1 brochure in-8°, extrait du bulletin de la Société des Sciences et Arts, 1870.

8 **Trois thèses** de médecine. — 1° D'E. Lahuppe, pour le doctorat en médecine, Paris, 1869. — Essai sur l'alcoolisme, par Pierre Bouvet, Montpellier, 1870. — 3° Du Lupus, par Emile Renouard, Paris, 1884.

9 **Une thèse** pour la licence en droit, par A. Auber, 1879, 1 brochure, in-8°, Paris.

10 **Deux rapports** au Conseil général 1871, le 1ᵉʳ sur les rhums étrangers, le 2ᵉ sur la question du paupérisme à la Réunion, 2 brochures, 4 pages chacune, 1871.

11 **Observations** sur les propositions de la Commission du budget, en 1871, sur le Lycée par M. Bon, proviseur p. i., 1 brochure in-8° 14 pages.

12 **Projet** de règlement sur le régime des aliénés par le Directeur de l'intérieur Laugier, 1872, 1 brochure in-8°, 15 pages.

13 **Compagnie** générale des Engrais de la Réunion. — Catalogue des produits chimiques agricoles, 1 brochure in-8°, 15 pages, 1877.

14 **Projet** de décret sur les conservations des hypothèques dans les colonies. — Rapport de M. Echernier, 1879, 1 brochure in-8°, 32 pages.

15 **Adresse** au Conseil général, 1882, sur la question des tabacs, par Asty Pourquier et autres, 1 brochure de 16 pages in-8°.

16 **Procès-verbal** de l'assemblée générale des actionnaires du 31 juillet 1884 et de l'assemblée extraordinaire du 20 décembre 1884, de la Banque de la Réunion, 2 brochures in-4°, 1885.

17 **Rapport** de M. Dolabaratz sur l'industrie sucrière à la Réunion, 1 brochure in-4°, 1885, 52 pages.

18 **Culture du tabac.** Essais de 1884 et 1886 — Deux rapports du contrôleur Michel au Directeur de l'intérieur. 2 brochures in-8°, 22 pages et 13 pages.

19 **Arrêté** portant réorganisation des milices de la Réunion, 1 brochure in-8° de 8 pages, 1884.

20 **L'opinion** de la Chambre de Commerce sur l'ouverture du Barachois au grand batelage, 1 brochure in-8° de 13 pages, sans date (1884).

21 **La fille du patriote**, nouvelle, par Mlle C. Armanet, 1 brochure in-12 de 30 pages, 1885.

22 **Prestation des Invalides.** Extrait des procès-verbaux du C général, 1884 — Discours par T. Drouhet fils, 1 brochure in-12 de 40 pages, 1885.

23 **Discours** du Gouverneur Cuinier à la session du Conseil général de 1885, 1 brochure in-8°, 48 p., 1885.

24 **Procès-verbal et discours** pour l'inauguration du buste de Joseph Hubert — 23 août 1885, 1 brochure in-8° de 20 pages, 1885.

25 **Séance d'inauguration** du buste d'Alexandre de Laserve, 29 septembre 1885, 1 brochure in-8°, 14 pages, 1885.

26 **Mémoire** sur la vente de 5 arbres essence de bois de fer, dans le circ-que de la Grande-Chaloupe, 1 brochure in-12, 20 pages, Imp. P. V. Grenier — Saint-Denis, 1885.

27 **Circulaire aux maires** pour l'élection des députés, 21 septembre 1885, 1 brochure in-8°, 20 pages.

28 **Procès-verbal** de l'installation de M. D. Brunet, Procureur général à la Réunion, 26 août 1885, 1 grande brochure in-8°, 23 pages.

29 **Du patois créole** de l'île Bourbon, (étude lue à la Société des Sciences et Arts de la Réunion, par V. Focard, 1 brochure in-12, 67 p, 1885.

30 **Tournée** partielle de charrue, 1885, et 2 tournées de charrues, 1886, par L. Potier, 3 brochures in-12, 16 et 46 pages.

31 **Exposés des motifs** (2) du maire de Saint-Denis pour les projets de budget de 1886 et 1887, 2 brochures de 50 pages, 1885, in-8°, 76 pages, 1886.

30 **Vers** sur la mort de V. Hugo, 3 juillet 1885, par Emille Bellier. Une pancarte in-4°, 2 pages.

33 **Appel** aux volontaires de Madagascar par G. Lahuppe (maire de Saint-Denis) août 1885, 1 brochure in-8°, 11 pages.

34 **Rapport** de M. A. Babet, maire de Saint-Pierre, au Conseil municipal de Saint-Pierre, sur sa mission à Paris, 1 brochure 15 pages, in-12, 1885.

35 **Les amours** de Zoroas et de Pancharis (poème érotique et didactique) contenant un voyage à l'Ile Bourbon en 1794. (Ouvrage traduit sur la 2° édition de l'original latin) par un homme de loisir (Petit-Radel), 3 vol. in-12 reliés, Paris, an X. 1802.

36 **Conchyliologie** de l'Ile de la Réunion (Bourbon), par P. Deshayes, 1 vol. brochure Dentu, 144 pages avec planches, 1863.

37 **Auguste Vinson**. Araneïdes des îles de la Réunion, Maurice et Madagascar, 1863, 1 fort in-4°, Paris, avec 14 planches, relié — rare.

38 **E. Hervé**. L'Ile de la Réunion et la question coloniale, 1 br. reliée, 1869, 22 p.

39 **Leconte de Lisle**. — Poëmes tragiques — 1 fort vol. broché (Paris) 1884 — A. Lemerre Editeur — 326 pages.

40 **Discours** du Gouverneur Cuinier pour le recrutement des volontaires, 15 juin 1885 — 1 grande pancarde en 2 colonnes, pour affiche.

41 **Instruction publique** — 4 brochures :

Discours du Vice-Recteur Guillemare à la distribution des prix du Lycée, année 1882-83 ;

Programme adressé aux maires pour les écoles primaires, juin 1885 ;

Circulaire adressée aux instituteurs et institutrices de la Réunion, année 1884-85 ;

Allocutions du Vice-Recteur au concours général et à la distribution des prix du Lycée, août 1885.

42 **Une brochure** in-8—8 p. — 1884— Nouvelle pétition de M. A. Pourquier au Conseil général de la Réunion pour le rétablissement de l'impôt des allumettes.

43 **Eugène Brunet** — M° Janus Tourne-broche et A bâtons rompus — 4 p. brochure in-12, 1885.

44 **M. Abélard** — 5 brochures 1883-1884 et 1885, dont : 3 Avant-coureur du Petit Saint-Paulois, 1 Honte aux bandits, 1 Les ébullitions St-Pauloises et 1 Réponse de M° Janus à M° Renard — Saint-Paul — Imprimerie Abélard.

45 **Statuts** de l'œuvre des crèches de St-Denis, 1 br. in-12 — 11 p., 1884.

46 **Caisse** de retraite des employés municipaux dela commune de St-Denis — Décret du 18 mai 1882 — 1 brochure in-12, 16 p. 1885.

47 **Rapport** de M. Cornu pour la Commission administrative (Transformation du droit de sortie en d'autres impôts), 1 brochure in-8° 1885 22 p.

48 **Tarifs** des droits d'octroi et de magasinage du 1ᵉʳ janvier 1886, 1 brochure in-8°, 29 p. 1885.

49 **Règlement** de police et d'exploitation du Port de la Pointe des Galets — 1 brochure, 36 pages, in-8°, 1886.

50 **Rapport** de la Commission des tabacs, par A. Cornu (1886 — 1 brochure in-8°, 28 p.)

51 **Prologue** d'ouverture du théâtre de Saint-Denis (G. Baretti, directeur). Monologue en vers par J. Blondel. — 1ᵉʳ mai 1886. 1 brochure in-8°, 8 p. 1886.

52 **Rapport** (2ᵉ) au Ministre du Commerce sur la prophylaxie sanitaire maritime des maladies pestilentielles exotiques, par le docteur A. Proust (Extrait du *Journal officiel de la Réunion*), 1 brochure in-8° — 31 p., 1886.

53 **Prospectus** — Compagnie agricole et sucrière — Emission de 300 actions de 500 fr. juillet 1885 — 1 grande pancarte — 2 pages.

54 **Prospectus** — Société intercoloniale de signaux optiques — 1 page in-4°.

55 **Profession** de foi aux électeurs de de la Réunion, de MM. de Mahy et Dureau de Vaulcomte — 1ᵉʳ octobre 1885, 1 grande page in-4°.

56 **Menu** du banquet offert à l'hôtel de Ville de Saint-Denis aux 2 députés, MM. de Mahy et Dureau — 22 novembre 1885.

57 **Prospectus** de l'association créole à Paris du 25 avril 1886. Une feuille in-4° — 2 pages.

58 **Journal historique** d'un voyage au Cap de Bonne-Espérance, par l'abbé de Lacaille, un vol. in-8° relié — 1776.

59 **5 autres brochures** sur les guildives à la Réunion :

1° 1 brochure in-12 *des guildives*, 1868, par Samat.

60 2° 1 brochure in-12 — Projet de législation guildivière, 1868, par Ch. Brunet.

61 3° 1 grande brochure in-8° — Réponse aux objections de la Commission des spiritueux, par G. Vinson, 1868.

62 4° Encore quelques mots sur le régime des guildives, par de Gaillande père — 1 brochure in-8°, 1868.

63 5° **Rapport** du Directeur de l'intérieur (1868), sur les changements à apporter à l'impôt des spiritueux, 1 brochure in-12, 69 p.

64 **Elie Pajot** — Note sur les plans de la ville de Saint-Denis, 1 brochure in-8°, 1868.

65 **Ordonnances** synodales de Mgr Florian Desprez — 1 forte brochure in-8°, 1853.

66 **Le Petit Directeur** — Chant funéraire dédié au chevalier Boulay, 1865, petit poëme.

67 **A M. Frédéric Bosse** de St-Paul, par L. Robin — 1 grande brochure in-8° 1871.

68 **Allocution** de Mgr Delannoy, à l'ouverture du séminaire collège de St-Denis — 1 petite brochure in-8°, 1874.

69 **Révélation** de St-Jean, commentaire poétique par Alfred Manès — 1 pet. brochure in-8°, 1873.

70 **De l'emploi** rationnel des engrais intensifs saccharigènes aux colonies, par Adrien Bories — 1 pet. brochure in-12 — 1874.

71 **La Foncière** — Compagnie anonyme d'assurances sur la vie — Prospectus (Ruben de Couder, agent à la Réunion) 1 pancarte, in-4°, 2 pages.

72 **A. Lecomte de l'Isle** de l'Académie française — 1 pancarte sans date — 2 pages in-4°.

73 **Le Nouveau** Port de l'île de la Réunion, par P. Adigard — 10 feuilletons extraits du *Créole*, du 10 au 19 juin 1886 (extrait de la Revue maritime et coloniale).

74 **Les Iles** de l'Afrique, par d'Avezac — 1 vol. relié 1848, avec cartes — Didot ff. Paris.

75 **Jules Duval** — Politique coloniale de la France — L'île de la Réunion — Art. de la Revue des 2 Mondes du 15 avril 1860 — relié in-8°.

76 **Thèse** pour la licence de J. M. Bosse — 1864.

77 **Rapport** de la Commission du budget pour 1868, par M. Ruben de Couder — 1 brochure in-12 — 16 p.

78 **Théocrite** — Idylles 14 et 15 par F. Cazamian. — Extrait du bulletin de la Société des Sciences et Arts de la Réunion — 1865, 1 brochure in-8° St-Denis — Roussin.

79 **Discours** de M. Drouhet fils au Conseil général sur une requête du Conseil d'administration de la Banque. — Séance du 19 décembre 1885 — 1 brochure in-4°, 1886.

80 **Bulletin** de la Chambre d'agriculture (session de 1886) sur l'Immigration — 1 brochure in-8°, Saint-Denis, 1886.

81 **De la délimitation** du rivage de la mer dans les colonies françaises,

particulièrement à l'île de la Réunion par *Châtelain*, 1 brochure, 1886.

82 **Requête** à M. le Directeur de l'intérieur sur la réunion du 4 janvier 1887 des actionnaires de la Banque, grand in-4° — 5 pages, janvier 1887.

83 **Correspondance parisienne.** — O. Marrast au *Journal du Commerce* — juillet 1860 — 1 broch. in-8°.

84 **De l'intoxication paludéenne** par le dr Gérisier — 1 brochure in-8° 1871 — Imprimerie Delval.

85 **Société des Courses de la Réunion** : 1 brochure : documents 1877 in-8°.

86 **Discours** de M. Armanet (H.) au Conseil général, le 16 décembre 1886 — 1 brochure in-8°.

87 **Tabacs** — 1° brochure — Projet de décret sur l'impôt des tabacs indigènes à la Réunion ; 2° brochure — Observations faites au Conseil général par les fabricants de tabacs, in-8°, 1886.

88 **Police des Ports et Rades** — Edition officielle — 1 brochure in-8°. (Réunion), 1881.

89 **Le Chemin de fer du Brûlé** — Conférence à l'Hôtel de Ville par M. L. Deroux, 1886 — 1 brochure in-12.

90 **Discours** sur la tombe du dr Mazaé Azéma, président du Conseil général, 1er adjoint au Maire de Saint-Denis, etc., juillet 1886 — 1 brochure in-8°, 1886.

91 **Distribution** des prix aux élèves de l'école primaire annexe. 14 août 1886 — 1 brochure in-8° 1886 — Saint-Denis.

92 **Banque de la Réunion** — Assemblée générale des actionnaires du 27 juillet 1886 — 1 brochure in-4°, 1886.

93 **Quatre sonnets** à Cazeneuve, prestidigitateur — juillet 1886 — 1 pancarte pliée en 4.

94 **Arrêté** sur la police de la pêche à la Réunion — 1 brochure in-8° 1870.

95 **Crédit agricole et commercial** de la Réunion — Rapport du Conseil d'administration du 3 septembre 1886 — 1 grande brochure in-4°, 1886 — Imp. Lamadon et Cº.

96 **Revue commerciale** du 12 février 1887, portant au verso les lithographies des 2 ports de Saint-Pierre et de la Pointe des Galets — 1 grand in-folio, avec tarifs des droits et taxes concernant les 2 ports.

97 **Indiana** par G. Sand — édition 1869. Roman in-8°, 1832.

98 **Album de la Réunion** — Collection reliée grand in-4° de 164 vues, plans, portraits et dessins lithographiques, extraits des 2 éditions de l'Album de la Réunion, 1886.

99 **L'industrie** des rhums devant le Conseil général par *J. Berthault*, Saint-Denis (Réunion) 1886, 1 brochure in-8°.

100 **Rapports** sur le colonage partiaire et les engagements fictifs par Ed. Le Roy — Rapport administratif, 1886 — 1 brochure in-8°, Saint-Denis (Réunion).

101 **Règlement** et tarifs du dock Morau, R. de Lescouble, successeur ; 1 grande brochure in-8°, 15 pages, 1875.

102 **Six mois en France**, par Elie Pajot, 1 vol. broch. in-8°, 433 p., Paris, 1887.

103 **Carte** de l'île de la Réunion : 1 m. 77 de large sur 1 m. 20 de haut, par P. Lépervanche, sous-inspecteur des Eaux et Forêts, dressé d'après la triangulation de M. Schneider et la carte des côtes par M. Cloué, 1878, etc. etc.

104 **Etude** sur la culture de la vanille, par Julien Potier, jardinier botaniste : 1 brochure in-12, 1876.

105 **Journal** de la marine et des colonies, 1834 — 2ᵉ année — Bulletin in-8°, relié, qui contient : 1° Souvenir de l'île de France. Extraits inédits du voyage de l'Astrolabe, autour du monde, par D. D'Urville, capitaine de vaisseau ; 2° voyages : — Souvenirs de l'Astrolabe et de la Bayonnaise à Maurice, Bourbon et Madagascar, par Gaïmard ; 3° une promenade dans les plantations de l'île Bourbon, par M. Perrolet, naturaliste de la Marine et du Museum.

106 Même journal — *Année 1835*, relié, même format, qui contient : 1° voyage aux eaux de Salazie de l'île Bourbon, par Bernier, chirurgien de marine ; 2ˢ protestation des avocats de Saint-Denis, du 22 mai 1835, par Ruyneau de Saint-Georges et Mayol ; 3° rapport à la Société française pour l'abolition de l'esclavage, par M. de Montrol ; 4ᵉ lettre de M. Conil, du 6 février 1835, sur l'émancipation des esclaves à Bourbon ; 5° une relâche à Saint-Hélène, en 1835, par M. Conil, député de l'île Bourbon.

107 Même journal *1837*, même format. — Rapport fait aux délégués des colonies, par M. Conil, sur la liberté de la presse aux colonies, 10 pages in-8°, de petit texte.

108 **Rapport** au Conseil général de la Commission chargée des mesures pour les concessions de terre à la Plaine des Palmistes, — 1 brochure in-8°, 1879.

109 **Loi** municipale du 5 avril 1884 sur l'organisation municipale promulguée à la Réunion — 1 brochure, in-8°, 66 pages, 1884.

110 **L'Expansion coloniale** de la France — Etude économique par de Lanessan — 1 fort. vol. in-8° broché — 1016 p. 19 cartes — Paris — 1886.

111 **La Politique** coloniale sous l'ancien régime, par *Louis Pauliat*, d'après les documents des archives du

Ministère de la marine et des colonies — 1 brochure in-12 — Paris 1887.

112 **Tarifs** et règlement de la Compagnie du chemin de fer et du port de la Réunion — 1 brochure in-8° avec carte — Paris — 1886.

113 **Rapport** au Conseil municipal de Saint-Denis, de la Commission du budget pour 1886. — (Rapporteur Bonamour).

114 **Note** pour MM. Lauratet et Le Roy et Jacquelin, en réponse au mémoire de M. R. de Couder, par E. Le Roy 1886 — 1 grande brochure in-8°.

115 **Brochure** sur la taxe de séjour des étrangers, avec le projet de décret voté par le Conseil général, le 1ᵉ janvier 1887.

116 **Rapport** à l'Assemblée générale des actionnaires des marines de la Colonie, sur la question de l'indemnité par P. Crémazy, 1887.

117 **Conférence maçonnique** faite à la Loge l'*Amitié*, Or∴ de Saint-Denis, le 24 août 1887 par le fr∴ C. Cauvin — 1 brochure in-12°.

118 **Compte administratif** du Maire de Saint-Denis pour 1886 — 1 brochure in-12° — 1887.

119 **Exposé des Motifs** pour le budget de 1888 au Conseil municipal de St-Denis par le Maire de Saint-Denis — 1 brochure in-12° — 1887.

120 **Syndicat** des intérêts agricoles et sucriers de l'Ile de la Réunion — Statuts — 1 brochure in-8° — 29 p. — 1887 — Saint-Denis.

121 **Procès-verbal** de la séance du Conseil général de la Réunion, du 15 septembre 1887, sur l'immigration asiatique — 1 brochure in-12° — 13 p. — Saint-Denis.

122 **Grand assaut d'armes** du 2 octobre 1887 à l'Hôtel de Ville de St-Denis, sous la présidence de M. A.

Féry d'Esclands — 1 brochure in-18 — 30 p. — Saint-Denis.

123 **Mémoire** sur le barachois et les batelages par la Société anonyme des Marines de Saint-Denis — 1 brochure in-4° — Août 1880.

124 « **Ischia** », roman in-12 — Paris — Dentu, 1879, par E. Pélagaud.

125 **Discours** du gouverneur Richaud à l'ouverture de la session ordinaire du Conseil général de 1887 — 1 brochure in-12 — 30 p.

126 **Décret** du 27 août 1887 sur l'immigration et le travail à la Réunion — 1 grande brochure in-8° — 63 p. — 1887.

127 **Etudes** sur le Sagoutier-Cycas, sur la préparation du cacao et sur le caoutchouc indigène, par Potier et Deroux — 1 brochure in-18 — 16 p. — 1887.

128 **Un Projet** de République à l'Ile d'Eden (Ile Bourbon) en 1689, par le marquis Henri Duquesne, avec notice de Th. Sauzier — 1 brochure in-8° — Chez Dufossé — 1887 — Paris.

129 « **E. Génin** ». Madagascar, les îles Comores, Mayotte, la Réunion — 1 ouvrage broché in-8° avec lithographies — 185 p. — Paris — 1887.

130 « **E. Trouette** ». L'Ile Bourbon, pendant la période révolutionnaire de 1789 à 1803 — 1 grand vol. in-8° — 1888 — Challamel et Cⁱᵉ — Paris — 341 p.

131 **Brochure** in-18 — Statuts de la Société philharmonique de la Réunion — 8 p. — 1886.

132 **Brochure** in-18 — Statuts de la Société d'encouragement de l'escrime, 1887 — 12 p.

133 **Bulletin** de la Société d'agriculture de la Réunion — procès-verbal de la séance du 24 novembre 1887 — in-12 — 23 p.

134 **Brochure**. Installation de M. Crépin, comme président de la Cour d'Appel à l'audience solennelle du 18 novembre 1887 — in-12 — 17 p.

135 **Mémoire** de M. Louis Brunet, maire de Saint-Benoit, sur l'enquête publique au sujet du règlement définitif des intérêts entre les communes de Saint-Benoit et du Bras-Panon — 1 brochure in-12 — Mars 1886.

136 **Exposé des Motifs** présenté par le Maire de Saint-Denis, au Conseil municipal de Saint-Denis pour le budget de 1888 — 1 brochure in-12 — 86 p.

137 **Rapport** de la Commission du budget de 1888 au Conseil municipal de Saint-Denis — 1 brochure in-12 — 78 p.

138 **Rapport** de la Commission sur la réorganisation des bureaux de bienfaisance, 1887 — Conseil général de la Réunion — 1 brochure in-8°.

139 **Requête** du Conseil municipal de Saint-Denis au Conseil général sur la subvention pour les services décentralisés, 1887 — 1 brochure in-12.

140 **Statuts** de la Société anonyme par actions pour le commerce de la Boucherie à la Réunion (Boucherie bourbonnaise) — 1 brochure in-12 — 1886.

141 **Conférence maçonnique** à la loge l'*Amitié* par le f.·. C. Cauvin, 1887, 1 brochure in-12.

142 **Précis chronologique** de la franc-maçonnerie à la Réunion par le f.·. D. Déroland fils, 1888, 1 brochure in-12.

143 **Numismatique coloniale** : La piastre Decaën, par T. Sauzier, Paris 1888, 1 brochure in-12, 15 pages.

144 **Bulletin** bi-mensuel de la Société Nationale de France, contenant la description du « Mussœnda Borbonica », 20 mars 1888, par M. Lapeyrère, 1 brochure in-8°, 16 pages.

145 **La Colonie de la Réunion et le Crédit foncier**, par J. Berthault, conseiller général, 1 brochure in-12, Saint-Denis 1888.

146 **M. Imhaus** : Oraison funèbre prononcée à Paris, le 2 avril 1888, par M. de Mahy, député, 1 brochure in 12.

147 **Lettre pastorale** et mandement de Monseigneur Fuzet, évêque de Saint-Denis, à son entrée dans son diocèse, 1 brochure in-8°, 20 pages 1888.

148 **Compagnie** du Port et du Chemin de fer de la Réunion. Instruction pour le levé du plan de bornage, etc., novembre 1881, 1 brochure lithog. de 18 pages avec plans.

149 **Projet** de loi sur l'exploitation du Chemin de fer et du Port de la Réunion, par M. Krantz, ministre des colonies et M. Peytral, ministre des finances, juillet 1888. — 1 brochure in-4° de 20 pages.

150 **Quatre** brochures in-8° — Palmarès du collège diocésain de Sainte-Marie, pour les distributions de prix : 1861, 1862, 1863, 1864.

151 **Mémoire** sur l'épidémie de choléra de 1859 à la Réunion, par le docteur A. Lepetit. — 1 brochure in-8°, 27 pages. — Paris, 1862.

152 **Le Cocotier**, par A. Joly, professeur de sciences à la Réunion. Extrait du Bulletin de la Société des Sciences et Arts de la Réunion — 1 brochure in-8°, 49 pages, Saint-Denis (Réunion), 1872.

152 **L'Hémiléïa** n'est pas le mal, par J. Hermann — 1 brochure in-8°, 1888, Saint-Denis (Réunion), 15 p.

154 **Rapport** de M. E. Pichon de Bury, délégué des Chambres de commerce et d'Agriculture en Indo-Chine — 1 brochure in-12, 1888, 20 pages.

155 **Rapport** au Conseil d'administration du Crédit agricole et commercial de la Réunion du 31 août 1888, brochure in-8°, 12 pages.

156 **Prospectus** de la grande fête d'escrime donnée au théâtre de Saint Denis, le 29 août 1888, 1 grand feuille in-4°.

157 **Dr A. Vinson** : Salazie ou le Piton d'Anchaine, 1 vol. petit in-8°, 43 pages, Paris, Delagrave 1888.

158 **Louis Brunet** : Baudin, poésie lu à Nantua le 22 septembre 1888 pour l'inauguration du monument Baudin 1 brochure 6 pages, in-8°.

159 **Requête** au Sénat et à la Chambre des députés du 20 septembre 1888 pour demander le maintien des marines de la Réunion ou une indemnité, si on les supprime, 1 brochure in-4°, 8 pages.

160 **Le « Mauricien »**, numéro unique d'un journal publié le 14 juillet 1888 au profit de la Société d'Assistance Française et de l'Alliance Française à l'île Maurice, grand in-folio, 2 pages de texte, illustré de dessins de musique, etc.

161 **Prospectus et statuts** de la banque hypothécaire du 1er août 1888 publié par le Crédit agricole et commercial de la Réunion, 1 grande brochure in-4°, 20 pages.

162 **La France coloniale** par Alfred Rambaud et 18 collaborateurs, 1 brochure grand in-8°, 1888, 714 pages.

163 **Les origines** de l'Ile Bourbon et de la colonisation française à Madagascar, par I. Guët, nouvelle édition 1888, 1 grand in-8° broché Paris 303 pages.

164 **La Réunion** et **Madagascar**, par Fernand Hue. Paris, 1887, une brochure in-8° avec lithographie, 238 pages.

165 **Le Code Decaën**. (Extraits des registres du capitaine général Decaën de 1805 à 1810, 1 vol. relié, formant collection de fascicules, in 8°.

166 **2° Album de la Réunion.** 4 grands vol. reliés avec lithographies et dessins coloriés, de 200 pages environ chaque vol. de 1879 à 1883, par Roussin, G. et G. Lahuppe éditeurs. Saint-Denis (Réunion).

167 **Journal officiel** de l'Ile de la Réunion, grande collection, 27 volumes reliés grand in-f°, dès et y compris 1862 jusque et y compris 1888.

168 **Bulletin officiel** de la Réunion, années 85-86 et 87, 3 vol. in-8° reliés.

169 **Procès-verbaux** du Conseil général de la Réunion, années 1883-84-85-86 et 1887, 5 vol. brochés, in-4° avec les brochures des sessions extraordinaires.

170 **Annuaires** de la Réunion, de 1886, et 1887, 2 vol. in-12 brochés.

171 **Almanachs** religieux de la Réunion, années 85-86 et 1887, 3 vol. brochés in-12.

172 **Bulletins** de la Chambre d'agriculture de la Réunion, années 1886 et 1887, 2 brochures in-8°.

173 **Tribulations** d'une commission administrative. — Narration en vers 1 brochure in-8°, 56 pages. — Typ. Gaston Lahuppe et C° 1888.

174 **Bulletins** de la Société des Sciences et Arts de l'Ile de la Réunion, 4 vol.

brochés in-8°, années 84-85-86 et 1887.

175 **Mémoire** de M. Auguste Babet, en réponse au rapport de la Commission qui a examiné les comptes de l'ancien Maire de Saint-Pierre, 1 brochure in-18, 142 p. — Typ. Gaston Lahuppe et C°, 1888.

176 **Rapport** de M. Pascal Crémazy, conseiller général, sur les Affaires diverses, session 1888, du Conseil général de la Réunion. 1 brochure in-8°, 82 p.

177 **Discours** de rentrée à la Cour d'Appel de Saint-Denis, novembre 1888, du Procureur général Dufour Brunet, 1 brochure in-8°. — Typ. Gaston Lahuppe et C°, Saint-Denis.

178 **Rapport** de la Commission chargée d'examiner la situation de la Colonie vis-à-vis de la Société du Crédit foncier colonial. (Drouhet, rapporteur), 1 brochure, in-4°, 40 p. 1888.

179 **Rapport** de la Commission forestière au Conseil général (Ed. Leroy rapporteur), 1 brochure in-8°, 16 p. 1888.

180 **Choses de Bourbon** par Pooka, A. G. de Maurice, 1 vol. broché, petit in-8°, 301 p., avec portrait et couverture illustrée. — Port-Louis île Maurice, 1888.

C.— 3me PARTIE

Journaux en collection de l'île de la Réunion

1 « **Sport colonial** », 4 grands vol. in-4° reliés, 1879-80-81-82-83-84-85 et 1886.

2 Le « **Créole** », 6 volumes in-f° reliés, 1882-83-84-85-86 et 87, Journal quotidien.

3 Le « **Petit Bourbonnais** », Journal quotidien, 1 vol. in-4° relié, 1884 la seule année parue.

4 La « **Réforme libérale** », Journal bi-hebdomadaire publié à Saint-Denis (Réunion), en 1871, seule année, en liasse, rare, grand format.

5 Le « **Progrès colonial** » Journal bi-hebdomaire, publié à Saint-Denis (Réunion), en 1871, seule année, en liasse — rare.

6 Le « **Travail** », Journal bi-hebdomadaire, publié à Saint-Pierre (Réunion), 8 années, 1874-75-77-78-79-80-81 et 83, en liasse — rare.

7 « **Courrier de Saint-Pierre** », Journal bi-hebdomadaire, publié à Saint-Pierre en 1883, en liasse, seule année parue.

8 « **Courrier de Saint-Pierre** », Journal quotidien, 1884, seule année parue, en liasse.

9 « **Port de Saint-Pierre** », Journal bi-hebdomadaire, 1883-84-85-86 et 87, arrêté au 5 mai 1887, en liasse, 5 années.

10 « **Journal du Commerce** » Journal bi-hebdomadaire publié à Saint-Denis, années 1865-69-74-77 e 1883, en liasse.

11 « **Moniteur de la Réunion** » publié à Saint-Denis, 18 années, 1864-65-67-68-69-70-71-73-74-75-76-77-78-79-80-81-82-83 — et quotidie depuis 1884 jusqu'au 30 juin 1885 (année et demie), en liasses.

12 La « **Revue Artistique** », Journal hebdomadaire, 10 numéros ave photographies d'artistes, du 13 septembre 1885 au 17 novembre 1885, relié avec les journaux « *Saint-Denis-Théâtre, l'Artiste* et *Maurice-Artiste*, jusqu'en novembre 1888.

13 Le **Petit Saint-Paulois**, Journal tri-hebdomadaire, politique, littéraire, etc., du 29 mai 1884 au 31 mars 1886, 1 fort vol., in-4° relié.

14 « **L'industriel** » Journal quotidien d'août 1885 au 31 décembre 1885, et le « **Volcan** » Journal hebdomadaire, du 13 décembre 1885 au 18 avril 1886, reliés ensemble en 1 seul vol. grand in-4°.

15 La « **Revue Bourbonnaise** », publication en cours — journal hebdomadaire, fondé en avril 1888 — grand in-folio, en liasse.

16 « **L'Eclipse** » Journal relié du 20 janvier 1886 au 29 mai 1886 (54 numéros) tri-hebdomadaire.

17 « **L'Indépendance coloniale** » Journal bi-hebdomadaire, en cours de publication du 18 septembre 1886 à décembre 1888, petit in-4°, relié.

18 « **L'Enfant Terrible** » Journal charivarique, politique et littéraire de la Réunion, 2 vol. in-4° reliés, années 1884-85-86-87 et 1888.

19 La « **Revue Bourbonnaise** » Journal bi-hebdomadaire, in-8°, du 1er juin 1886 au 31 décembre 1887. Livraisons de 32 p. chacune, relié.

20 Le « **Pays** » Journal quotidien, petit format broché, du 1er septembre au 6 novembre 1887, 55 numéros.

21 « **Madagascar** », Journal grand in-f°, 20 numéros, de novembre 1886 au 31 mai 1888. — Paris, C. Bayle, éditeur. — En liasse.

22 « **La Vérité** », Journal tri-hebdomadaire du 3 juin 1887 au 23 décembre 1887, et quotidien du 23 décembre 1887, en cours de publication. 1re partie brochée, la 2e en liasse.

23 « **Les Tablettes coloniales** », organe hebdomadaire des possessions françaises d'outre-mer. Toute la collection depuis le 13 février 1888. — Paris, 38 rue Saint-Georges.

24 « **Le Nouveau-Salazien-Moniteur** », grand Journal bi-hebdomadaire depuis le 1er juillet 1885 jusqu'au 30 juin 1887, 2 années, en liasses.

25 « **Le Salazien-Moniteur** », Journal tri-hebdomadaire depuis le 1er juillet 1887, — à suivre et en cours, en liasse.

D. — 4me PARTIE

Madagascar

1 **R. William Ellis** — Three visits
to Madagascar, during 1853, 1854,
1856 — 1 fort vol. in-8° relié —
London 1858.

2 **Rapport** à la Chambre des Députés,
sur les évènements de Madagascar,
par de Lanessan, n° 2949 — 1 forte
brochure in-4° — 1884.

3 **Rapport** à la même Chambre par le
même député, (Commission d'enquête) — Dépositions de témoins
(3209) — 1 forte brochure in-4° —
242 pages — 1884.

4 **Rapport** à la même Chambre par le
même député, pour le crédit extraordinaire de 12,190,000 fr. pour les
dépenses relatives aux évènements
de Madagascar, n° 3889 - 1 forte brochure in-4° — 61 pages — 1885.

5 **Rapport** fait au Sénat (n° 459) sur
le même sujet par Emile Lenoël,
sénateur — 1 brochure in-4° — 16
pages — 1885.

6 **Rapport** à la Chambre des Députés
par de Lanessan, pour l'examen du
projet de loi relatif au traité conclu
le 17 décemb. 1885 entre la République française et la Reine de Madagas
car, n° 479 — 1 forte brochure in-4°
— 54 pages — 1886.

7 **Rapports avec Madagascar** (article de la *Revue des Deux-Mondes*
d'Henry Galos), du 1er octobre 1863

— 1 brochure reliée — 37 pages —
1863 — (Voir le n° 41 du catalogue).

8 **La Mission de Madagascar** —
Souvenirs d'un voyage dans l'Océan
indien, par L. Simonin — Article de
la *Revue des Deux-Mondes* du 15
avril 1864 — 1 brochure reliée —
33 pages, 1864 — (Voir le n° 42 du
catalogue).

9 **James Sibree** — Madagascar and
its people — 1 vol. in-8° belle reliure, pas de millésime, pouvant re-
monter à 1870.

10 **Madagascar and France**, par C.
Shaw, London mission, Tamatave,
1885 — 1 vol. in-8° — 1885 — belle
reliure.

11 **Discours** de M. de Mahy à la Chambre des Députés, du 25 juillet 1885,
au sujet du crédit pour les évènements de Madagascar — 1 forte brochure in-8° — 1885.

12 **Relation sommaire** du voyage à
Madagascar de MM. de Mahy et Du-
reau de Vaulcomte, députés de la
Réunion, 1 brochure in-8° — 1885.

13 **The Antananarivo Annual and
Madagascar Magazine**, par
Rev. J. Sibree et Rev. R. Baron
— 1 fort vol. in-8° relié — A re-
print of the first four members, —
75, 76, 77 et 78 — 1885. — Press
of the London missionnary.

14 **The Antananarivo Annual and Madagascar Magazine**, par les mêmes — 2 vol. reliés, 1882 et 1884.

15 **A Madagascar bibliography** — Including in the malaguasy language, par J. Sibree, Antananarivo — The London missionary society — 1 brochure — 94 pages, 1885.

16 A. M. D. G. — **Grammaire malgache**, par le R. P. Caussègue S. J. missionnaire de Madagascar, 1re partie — 1 brochure in-12 — 100 pages, 1886 — Saint-Denis (Réunion) — Imp. Lamadon et C°.

17 **La France et l'Angleterre** à Madagascar, par Fernand Hue, Paris — 1 vol. in-12, 1885 -- P. Ollendorf, éditeur.

18 LOUIS PAULIAT — **Madagascar sous Louis XIV** — Louis XIV et la Compagnie des Indes Orientales de 1664 — 1 vol. in-12, 405 pages, 1886 — Paris — Calmann Lévy.

19 **La Colonisation de Madagascar** sous Louis XV, par Pouget de St-André — 1 vol. in-12, 1886 — Challamel aîné — Paris.

20 RAOUL POSTEL — **Madagascar** — 1 vol. in-12, 320 pages, avec préface de M. de Mahy — 1886 — Paris — Challamel aîné.

21 **Voyage en zig-zags** à Ste-Marie de Madagascar, par Jules Schneider — 1 brochure in-8°, 48 pages, 1886 Th. Drouhet, imprimeur (St-Denis).

22 **Histoire** de la Compagnie des Indes, avec ses titres et privilèges, par Dufrène de Francheville, 1738, 1 vol. relié in-4°.

23 **Voyage** dans les mers de l'Inde, à l'occasion du passage de Vénus, le 6 juin 1761 et le 3 juin 1769, par Le Gentil, 2 grands in-4°, 1779 — belle reliure.

24 **Histoire** des Indes Orientales par Souchu de Bennefort, 1 vol. in-4° relié, 1688.

25 **La langue malgache**, par G. Richard (dans la Revue scientifique du 29 Mai 1886) 1 brochure in-4°.

25 **Les Français à Madagascar**, par Louis Le Roy, 1 vol. in-12 broché 1884. (Delagrave.)

27 **Deux appendices** à la grammaire malgache du R. P. Caussègue S. J. . Antananarivo, 1886. 2 broch. in-12.

28 **Madagascar** et son 1er vicaire apostholique. Notice sur Mgr Dalmond, 1 brochure in-12, Versailles, 1862.

29 **La Cloche**, numéros de janvier et février 1887 d'un journal hebdomadaire publié à Tamatave avec la suite en 1888.

30 **La question de Madagascar**, J. Brenier, 1 brochure in-4°, Challamel aîné, Paris 1882.

31 **Baron d'Unienville**. Essai sur Madagascar de 1838, inséré dans l'ouvrage (3e volume) Statistique sur l'île Maurice et ses dépendances, — in-8°, Maurice 1886.

32 **Madagascar** (La Province d'Anossi — Mœurs et coutumes malgaches, par F. Albrand, agent du gouvernement français à Madagascar — 2 articles du journal de la Marine et des Colonies de 1837, relié in-8°.

33 **Lé Progrès d'Imérina**, organe des intérêts européens et malgaches. Journal hebdomadaire numéros 3, 4 et 5 (Antananarivo, novembre et et décembre 87.)

34 **La Compagnie des Comores**. Procès-verbal de l'assemblée générale des actionnaires de déc. 87. 1 gr. br. in-4° de 20 p. Nantes, 1888.

35 **Madagascar** et peuplades indépendantes abandonnées par la France. Paris 1887, par le colonel Duvergé, 1 grand vol, broché in-8°, 480 p.

36 **Les Français à Madagascar**, par Fernand Hue, 1 vol. broché 207 pages in-8°, Paris 1887.

37 **Les peuplades de Madagascar**, par Max Leclerc, 1 grande brochure in-8° Paris 1887, 68 pages.

38 **La France à Madagascar**, par Jean Marield, 1 volume in-8°, Paris, 1887, 191 pages.